[SEJA ÚNICO!

QUANDO SUA PAIXÃO VIRA NEGÓCIO]

RICCARDO POZZOLI

[SEJA ÚNICO!

QUANDO SUA PAIXÃO VIRA NEGÓCIO]

TRADUÇÃO
UBK Publishing House

ubook UBK Publishing House

Publicado mediante acordo com Kogan Page Limited. Edição original do livro, *Create Uniqueness*, publicada por Kogan Page Limited.

ubook ubk
Publishing House

COPIDESQUE Pérola Paloma
REVISÃO Evellyn Pacheco | Lara Freitas
CAPA Bruno Santos
DIAGRAMAÇÃO Flávio Augusto
IMAGEM DE CAPA Roman Samborskyi | Shutterstock

Dados Internacionais de Catalogação na Publicação (CIP)
(Câmara Brasileira do Livro, SP, Brasil)

Pozzoli, Riccardo
Seja único! : quando sua paixão vira negócio / Riccardo Pozzoli ; tradução UBK Publishing House. -- Rio de Janeiro Ubook Editora, 2020.

Título original: Create uniqueness
Bibliografia
ISBN 978-65-86032-20-8

1. Carreira profissional - Administração 2. Empreendedores 3. Empreendedorismo 4. Empresários 5. Empresas novas - Administração 6. Inovação tecnológica - Aspectos econômicos 7. Sucesso em negócios I. Título.

20-34510 CDD-658.421

Ubook Editora S.A
Av. das Américas, 500, Bloco 12, Salas 303/304,
Barra da Tijuca, Rio de Janeiro/RJ.
Cep.: 22.640-100
Tel.: (21) 3570-8150

SUMÁRIO

AGRADECIMENTOS

Este livro é o resultado de anos de experiência profissional (e não só isso), eu deveria agradecer a cada indivíduo que contribuiu nessa trajetória, para tanto seria necessário um outro livro e, infelizmente, isso não é viável.

Um sincero agradecimento vai para as incríveis equipes que me acompanharam e que ainda me acompanham nestas maravilhosas aventuras: agradeço à TBS Crew pelo que foi e pelo que é, à equipe Depop, à equipe Condé Nast e à equipe dos sonhos Foorban!

Se eu tivesse que escolher, certamente gostaria de começar agradecendo à maravilhosa dupla DeA: Annachiara e Angela, que me acompanharam desde a concepção até os dias de hoje; Enrica, com quem passei mais tempo nos últimos seis meses do que com a minha esposa; Riccardo e Raffaella, que me ajudaram a organizar a divulgação. Muito obrigado por sempre acreditarem em mim e por me permitirem realizar um belo projeto, mais uma vez, com uma equipe maravilhosa!

Outro grande obrigado aos autores dos depoimentos, não só pelas próprias contribuições (excepcionais!) mas também e sobretudo por terem sido meus mentores durante tantas etapas, e por terem me ensinado, estimulado, inspirado e fascinado. Portanto, obrigado (por ordem de aparecimento) a Lorenzo, Simon, Max, Matteo, Emanuela, Chiara, Luciano e Pierre-Yves!

O habitual agradecimento à família é usual, mas o meu é realmente sincero, porque sem a iniciativa e determinação da minha mãe e sem a independência e capacidade de reinvenção do meu pai, eu provavelmente teria tido muito pouca experiência, por isso obrigado!

Por último, mas não menos importante, agradeço à minha bela esposa, Gabrielle, que com a sua incrível energia me ajudou a superar até os momentos mais difíceis, e que com a sua enorme paciência nunca me disse para ir embora depois dos intermináveis dias passados criando este livro.

PREFÁCIO

Ser velho não é uma questão de idade;
Aqueles que são velhos são aqueles que não querem se envolver,
que não arriscam em si mesmos, que têm medo de mudar de ideia.

Um dos mais célebres startuppers italianos conta a história da nova geração de empresários, e a história do fim dos rótulos e dos caminhos já traçados.

QUANDO SUA PAIXÃO VIRA NEGÓCIO

Tudo começa com Riccardo, um jovem de 23 anos, estagiário de um escritório de marketing de uma empresa em Chicago, que uma noite compra de um fornecedor americano o domínio no qual a sua amiga Chiara Ferragni pretende publicar o seu primeiro post do The Blonde Salad.

Apenas três anos depois, os dois são convidados a falar sobre sua experiência aos alunos de Harvard. E isto é somente o início de uma ascensão que os levará a construir uma empresa com um volume de negócios de milhões de euros – mas é, acima de tudo, um projeto inovador a ponto de se tornar um dos pontos altos de uma profunda mudança nas regras do sistema da moda a nível internacional.

Hoje, com pouco mais de trinta anos, Riccardo Pozzoli tem uma série de iniciativas empresariais de vanguarda nos campos da moda, alimentação, estilo de vida e redes sociais: uma história de coragem, criatividade e paixão, graças à qual podemos interpretar o nosso tempo em uma nova perspectiva.

A visão de Pozzoli sobre as fronteiras atuais e futuras dos negócios é encorajadora sem fazer prisioneiros, pragmática sem perder a visão e a poesia, muito fácil de ler e, ainda, muito rica em informação e ideias.

Com ele, vamos descobrir o que é realmente ser um startupper. Vamos aprender como transformar um sonho em uma ideia, e uma ideia em uma empresa. O que fazer na prática quando se começa do zero e é necessário coragem e tenacidade para dar substância a um projeto ainda a ser construído. Como recomeçar quando a vida nos força – ou o desejo nos força – a virar uma nova página, construindo sobre os sucessos e os fracassos.

INTRODUÇÃO

COMO EXPLICAR O QUE VOCÊ FAZ DA VIDA AO SEU VIZINHO

RICCARDO, O QUE VOCÊ FAZ DA VIDA?

Sempre que me fazem esta pergunta, me sinto desconfortável, especialmente se a pessoa à minha frente espera ouvir uma resposta simples e tranquilizadora, como por exemplo: "Depois de me formar em economia, aceitei um emprego no departamento de marketing de uma empresa multinacional". Então, eu reviso mentalmente todas as respostas que poderia dar e desanimadamente as descarto uma a uma: "consultor", "palestrante", "startupper em série"... E então, para sair dessa situação difícil, eu conto uma história.

Era outubro de 2009, eu tinha 23 anos e estava estagiando em Chicago, no departamento de marketing de uma empresa líder na fabricação de produtos de irrigação para jardins, terraços, hortas e plantações internas e externas.

A universidade me recomendou essa oportunidade e eu achei interessante. Nunca tinha tido um jardim na minha vida e mal sabia o que era um irrigador, mas disse a mim mesmo que valia a pena tentar: pelo menos aprenderia algo novo e viveria por alguns meses numa cidade onde nunca tinha estado antes.

Passei os primeiros quinze dias do estágio no jardim da empresa experimentando todos os produtos, depois voltei ao escritório e comecei a analisar os blogs especializados e a literatura publicada na internet pelas empresas do setor. Cheguei a duas conclusões. A primeira foi que o trabalho em escritório não era para mim, porque eu tinha dificuldade para entender o propósito de todas as regras e procedimentos impostos pela empresa que, para mim, retardavam o pensamento, impediam a ação e murchavam a paixão até mesmo do trabalhador mais disposto. A segunda foi que, nos Estados Unidos, os blogueiros estabelecem tendências e influenciam enormemente o consumo.

Na época eu conheci Chiara, uma garota de Cremona que adorava postar fotos diárias de seus diferentes trajes e looks em plataformas sociais como Netlog, Flickr e Lookbook.nu, reunindo um grande número de seguidores. Então, começamos a falar sobre a possibilidade de Chiara começar o seu próprio blog de moda e estilo. Vi nela uma oportunidade de negócio, e embora, claro, ainda não soubesse onde nos levaria, achei que valia a pena tentar. Comprei o domínio de um fornecedor americano e no dia 12 de outubro, com a publicação do primeiro post, nasceu o The Blonde Salad.

Neste ponto, costumo tentar resumir tudo o que aconteceu depois e a incrível aventura que vivi com o nascimento da TBS Crew e da Chiara Ferragni Collection.

Enquanto isso, lancei muitos outros projetos, alguns ainda no campo da moda, outros em setores completamente diferentes, como o serviço de entrega de refeições Foorban. Nem todos se saíram bem, mas eu nunca desisti de tentar. E, acima de tudo, nunca parei.

Em tudo isso estou ciente de que não respondi à pergunta do meu inquisidor, que afinal só queria me rotular e me colocar em uma categoria específica, algo que muitas pessoas acham quase indispensável. Esta é uma necessidade compreensível, mas a questão é precisamente esta: hoje esse rótulo já não é tão difundido nem tão nítido como antes. E isso não é apenas para aqueles de nós que, como eu, operam no mundo das startups. Sabemos muito bem como é difícil para um negócio, seja como uma experiência empresarial ou atuando como funcionário, enquadrar-se dentro dos limites de uma vida profissional.

No entanto, gostaria que todos – os estudantes que estão entrando no mercado de trabalho, os trabalhadores que têm de lidar com a incerteza e o fim dos empregos estáveis, os profissionais de quarenta ou cinquenta anos que, por sua própria vontade ou necessidade, têm de se reinventar em um momento em que anteriormente teria sido considerado impossível fazê-lo – tentassem pensar não só nas desvantagens, mas também nas oportunidades que tal situação oferece. Hoje em dia os caminhos se abrem à nossa frente, e não temos ideia de para onde podem nos levar. Atualmente temos a possibilidade de transformar o que parecem pistas não delimitadas em autoestradas de quatro faixas.

Não quero esconder as dificuldades deste tipo de empreendimento e os sacrifícios que ele exige; nem quero subestimar quão grande é o risco de fracasso, pois eu mesmo experienciei isto. O quiproquó, porém, é a oportunidade de trabalhar com paixão e construir uma realidade mais gratificante ao seu redor: agora é a hora de tentar.

Para aqueles que querem assumir um empreendimento e criar uma startup como eu fiz, há a vantagem de poder levantar capital mais facilmente do que antes, porque, como explicarei, a crise financeira dos anos 2007 e 2008 ofereceu isso como uma consequência positiva, pelo menos. Mas não é obrigatório criar empresas a partir do zero: você também pode inovar internamente usando o que já existe e utilizando novas ferramentas à nossa disposição.

O vizinho, o tio, o professor do ensino médio, todos aqueles que nos amam desde crianças e querem ser tranquilizados quanto ao nosso futuro, devem aceitar isso. Para a nossa geração, é natural ter mais do que uma história de amor importante e realizar mais do que um projeto profissional no decorrer das nossas vidas. Isto não significa que estejamos menos inclinados a nos comprometer. Significa apenas que a nossa realidade é menos estável do que era antes. E talvez que estamos menos dispostos a nos contentar com menos – além de trabalhar, também queremos nos sentir realizados.

Onde os rótulos terminam, o novo mundo começa. E eu acho que é aí que a felicidade também começa.

A HISTÓRIA DO THE BLONDE SALAD

Outubro de 2009 – Com a publicação do primeiro post em 12 de outubro de 2009, nasce o blog The Blonde Salad. As colunas giram em torno dos vários interesses de Chiara Ferragni: primeiramente, a moda, depois a fotografia, as viagens e o estilo de vida. O fato de os artigos serem publicados todos os dias no mesmo horário, 9 horas da manhã, torna a leitura do blog um hábito diário para muitos seguidores. Após o primeiro mês, o The Blonde Salad registrava trinta mil visitas diárias.

Fevereiro de 2010 – Depois de apenas três meses do nascimento do blog, Chiara Ferragni é convidada pela primeira vez para a Semana da Moda de Milão. A presença de uma blogueira de moda é uma novidade absoluta, e isso atrai a atenção da imprensa e de várias marcas como a Benetton, que lhe oferece o papel de juíza de um concurso online para a nova campanha publicitária da marca, e a Fiat, que patrocina uma viagem pela Europa em um Fiat 500 conversível para Chiara e Riccardo. Enquanto isso, o Yoox, um dos principais varejistas de moda online, é um dos primeiros a comprar banners publicitários no The Blonde Salad.

Março de 2011 – Chiara e Riccardo montam a TBS Crew. O blog atinge setenta mil visitas diárias, e várias marcas de luxo, que estão começando a aparecer no mercado de vendas online e estão à procura de formas de expandi-las oferecem-lhes colaborações. Os dois empresários são muito seletivos na escolha de parcerias, estimulados pelo desejo de não transformar o blog em uma simples vitrine, mas de oferecer aos leitores conteúdos coerentes com a imagem de Chiara e construir relações duradouras com as diversas marcas, especialmente as de luxo.

Março de 2013 – Chiara é agora uma celebridade internacional. Ela aparece nas capas de revistas de moda de todo o mundo e continua a colaborar com marcas importantes, para as quais também cria coleções cápsulas. A sua popularidade também está crescendo graças ao Instagram. Enquanto isso, Chiara, Riccardo, o investidor Paolo Barletta e o gerente de vendas, Lorenzo Barindelli, fundam uma nova empresa, a Chiara Ferragni Collection, que produz e comercializa uma linha de sapatos, vendidos online e em duzentas lojas de 25 países.

Primeiros meses de 2014 – O blog The Blonde Salad é completamente reorganizado, tornando-se uma verdadeira revista de estilo de vida, em colaboração com os melhores fotógrafos e videomakers. A equipe também é convidada pelos professores de MBA da Harvard Business School, que escolheram o blog como um estudo de caso para seus alunos.

Setembro de 2016 – The Blonde Salad muda novamente, se enriquecendo com uma nova seção de e-commerce, onde são vendidas edições limitadas, criadas de maneira exclusiva por marcas internacionais. Esta nova iniciativa também é acolhida com entusiasmo pelos seguidores; os itens colocados ali se esgotam em poucas horas.

Julho de 2017 – A Chiara Ferragni Collection abre sua primeira loja conceito em Milão. A coleção agora também inclui acessórios e roupas.

Setembro de 2017 – Chiara, com mais de onze milhões de seguidores no Instagram, é coroada pela revista *Forbes* como a mais importante influenciadora de moda no mundo.

CAPÍTULO UM

COMO PENSAR FORA DA CAIXA

Obstáculos, vícios mentais e oportunidades
no mundo do trabalho hoje

HÁ UMA ENORME CRISE

Que azar é viver na década seguinte a uma das piores crises econômicas da história, hein? Isso é o que estamos habituados a pensar.

Sem dúvida, nos últimos anos muitas coisas mudaram e o mercado de trabalho tem sido atingido por profundas transformações. Os jovens que concluem seus estudos sabem que seu desenvolvimento profissional não será estabelecido desde o início da carreira, nem será constante como era antes. Eles também sabem que, ao contrário do passado, não é certo que façam o mesmo trabalho por toda a vida, porque o emprego estável já não existe. No decurso da sua carreira é muito provável que você mude de funções, setores e mesmo de tipo de trabalho, seja como funcionário ou como autônomo. Toda esta incerteza pode ser assustadora.

Quando o molde quebra, compreender o seu lugar no mundo é mais difícil e menos automático.

Como o foco nos aspectos negativos não tem utilidade e, certamente, não muda uma realidade de trabalho diferente daquela que outros enfrentaram há trinta anos, é melhor livrar-se do pessimismo e compreender que o fim da era dos rótulos e dos caminhos traçados também pode ser extremamente libertador. Não ter que necessariamente se encaixar num molde pré-definido, na verdade, significa ser livre para explorar e eventualmente construir, por si mesmo, um caminho profissional mais gratificante. Essa sensação de segurança que a mudança das condições de trabalho nos obriga a abandonar pode ser trocada por coisas (mais) importantes, como a liberdade, a felicidade e a paixão pelo que fazemos.

Devemos também ter em mente que nos últimos anos não só fomos sujeitos a uma onda de azar, como também tivemos muitas possibilidades abertas, porque a revolução digital criou novas e potencialmente infinitas oportunidades de negócio. Graças às inovações tecnológicas, agora disponíveis para todos, novos empregos estão sendo inventados. Mesmo papéis extremamente tradicionais podem ser repensados de uma forma completamente diferente, e um mercado muito mais amplo, cujas fronteiras são potencialmente ilimitadas, pode ser acessado.

LIBERTAR-SE DE CRENÇAS, ATITUDES E POSIÇÕES

Mesmo sendo otimista, não quero cometer o erro de pintar o atual mercado de trabalho como um Eldorado mítico, porque isso seria igualmente enganoso. Apenas acho que há oportunidades para aqueles que não têm medo de mudar e não se agarram ao status quo, aqueles que estão dispostos a trabalhar duro e são capazes de agarrar essas oportunidades.

Para fazer isso, você deve primeiro ser capaz de pensar fora da caixa, para ter o hábito de observar o problema de ângulos diferentes. É uma habilidade que todos podem desenvolver ou refinar, mas que geralmente está mais associada a uma posição "lateral" do que a um setor específico. Em outras palavras, quando você já está em um contexto particular, é mais fácil ser condicionado por suas experiências anteriores e, portanto, achar mais difícil inovar. Se você tem uma empresa familiar que segue certas regras há anos, décadas, é mais difícil ter a percepção para mudar as coisas e melhorá-las. É inevitável que um background, um padrão antigo, traga consigo uma série de preconceitos, inimigos jurados da mente aberta.

Muitas vezes discuti essas questões com meus amigos, Stefano Cavaleri e Marco Mottolese, com os quais fundei um serviço de entrega de almoços chamado Foorban, no início de 2016. Por enquanto é o único disponível em Milão, e planejamos lançar em outras cidades europeias, dado o seu sucesso – um sucesso que depende da qualidade e singularidade do serviço oferecido (um conceito ao qual voltarei). O diferencial da Foorban é entregar rapidamente – atendendo assim às necessidades dos profissionais no intervalo do almoço – pratos saborosos e saudáveis que são preparados em nossa cozinha exclusiva e não por vários restaurantes, como é o caso de outras empresas que oferecem entrega de refeições. Para todos os efeitos, a Foorban é um restaurante cujas mesas estão espalhadas pela cidade e não confinados a um único lugar!

Meus associados e eu nos perguntamos se uma realidade como a nossa poderia ter vindo da mente de um dono de restaurante. A resposta que chegamos até agora é que não, porque quando se está num determinado setor é difícil enxergar as coisas de outra forma que não seja a tradicional. Entre mim, Stefano e Marco, só o último tinha experiência na área. Depois de se formar em economia, trabalhou na área de buffet para grandes eventos e depois abriu um restaurante em Milão. Então você poderia dizer que os caras e eu vemos a área de refeições de fora e isso nos permitiu inventar algo novo.

Obviamente, isto não significa que seja completamente impossível pensar fora da caixa enquanto se permanece no setor em que sempre trabalhou ou no qual a sua família trabalha. Na verdade, há aqueles que não se deixam conter pela sua própria história ou pela história de sua família e, de fato, a utilizam como ponto de partida para mudar tudo, explorando as possibilidades que a realidade atual nos oferece.

Este é o caso de um dos fornecedoras da Foorban – Andrea Passanisi, o criador do Sicily Avocado. Após uma viagem ao Brasil, ele concebeu a ideia de cultivar frutas subtropicais nas encostas do monte Etna, seguindo os passos de seu avô, um empresário agrícola, e convertendo terras que cultivavam limões à produção de abacates. A ideia provou ser um sucesso. O microclima da área faz um excelente produto, do ponto de vista organoléptico, que agora é exportado e apreciado em toda a Europa... e vendido aos clientes online.

Há muitas histórias como esta, porque com uma abordagem inovadora, até mesmo setores muito tradicionais podem oferecer oportunidades de negócios. Você pode começar com algo que já existe e dar-lhe uma forma completamente diferente para que possa ir muito mais longe.

Isto é o que fez meu amigo e ex-colega de universidade, Fabio Di Gioia. Depois de trabalhar por alguns anos no setor financeiro, ele e um sócio lançaram uma startup chamada Foodscovery. É uma plataforma que reúne produtores locais e amantes de refinamento gastronômico, que podem encomendar carne *Chianina*, muçarela da Campânia, *taralli* da Apúlia e todas as outras iguarias da indústria agroalimentar italiana, e recebê-las frescas rapidamente. O trabalho da equipe Foodscovery consiste principalmente em encontrar estes produtos típicos da mais alta qualidade, apresentá-los e melhorá-los adequadamente no seu website. Assim, tiveram de conceber um sistema muito simples, baseado em tecnologia SMS, para permitir que mesmo artesãos não tão familiarizados com smartphones e computadores pudessem receber encomendas de forma rápida e clara. Em seguida, certificaram-se de que o mensageiro entregasse a encomenda ao cliente final no menor espaço de tempo possível. Fabio e seu sócio conseguiram acordos com as principais transportadoras para entregar *cannoli* da Sicília e pastelaria *pasticciotti* da Apúlia em toda a Europa, em 48 horas. A sua plataforma difere de todas as outras que operam neste setor porque permite aos clientes comprar não só produtos típicos enlatados ou embalados a vácuo, mas também alimentos muito frescos e perecíveis, como o bolo napolitano, a *pastiera*.

Explorar as grandes tradições artesanais da Itália e torná-las disponíveis a um público e mercado mais vasto é uma oportunidade possível, mas há muitas mais. O essencial é ter a mente aberta para detectar as oportunidades e a curiosidade de investigá-las extensivamente e compreender se serão ou não praticáveis.

A experiência da Foorban é um exemplo de como mesmo um setor muito tradicional, no caso o de buffet, pode ser interpretado de uma forma completamente diferente graças às novas tecnologias que lhe permite satisfazer as necessidades dos clientes de novas e inexploradas formas. E isso se aplica a qualquer setor: esportivo, por exemplo, ou qualquer coisa relacionada a viagens, onde incrivelmente ainda há pouco desenvolvimento. Outra área quase virgem é o setor do design – considerando que algumas das empresas envolvidas neste campo muitas vezes nem sequer utilizam os canais das redes sociais para se comunicar com potenciais clientes, a margem de manobra é realmente muito ampla.

Em qualquer caso, independentemente do setor, penso que o mais importante é tomar nota do fato de que este é agora o ambiente. Fechar os olhos, fingir não ver as mudanças ou mesmo opor-se a elas é, no mínimo, uma decisão arriscada. Isso me faz pensar no mercado editorial, que, face ao progresso digital, tem sofrido de neofobia. O medo do novo e da mudança tem impedido os editores de explorar a sua posição de vantagem e monopolizar o setor digital. Isso afetou muitas empresas que, depois de inicialmente rejeitarem tais tecnologias, agora se veem obrigadas a correr para acompanhar as mudanças, em vez de andar com elas como poderiam ter feito se não tivessem permanecido tão arraigadas em seus modos conservadores.

TER A CORAGEM DE PENSAR GRANDE

Fazer negócios hoje, no entanto, não significa necessariamente que você precisa ser geek e projetar aplicativos ou sites. Mesmo em uma era digitalizada como a nossa, projetos inovadores podem surgir fora do campo tecnológico.

Este é o caso do projeto iniciado por três dos meus amigos italianos que vivem nos Estados Unidos há alguns anos, Francesco Brachetti, Alberto Gramigni e Alessandro Biggi. Eles abriram o primeiro restaurante do mundo dedicado ao abacate. Chama-se Avocaderia e fica no Brooklyn. A ideia foi muito popular e teve uma resposta extraordinária da mídia mesmo antes da abertura. O local atrai milhares de clientes a cada semana, e a equipe continua expandindo, abrindo mais filiais, por enquanto em

Manhattan e em breve na Califórnia. O que fez a diferença no seu caso, além da ideia – que estava em sintonia com as tendências alimentícias do momento – e da qualidade do que preparam, foi a audácia de pensar imediatamente grande, não apenas sobre um simples restaurante, mas sobre um verdadeiro empreendimento que poderia se transformar em uma cadeia de bares de abacate. O fato do produto ser bom e dos clientes gostarem tanto dele lhes permite fazer com que isso aconteça.

Portanto, saber pensar grande é outra característica fundamental para o sucesso no mercado de trabalho. Isto é o que Max Ciociola tem. Ele fundou a Musixmatch, uma das mais bem-sucedidas startups italianas. Sua ideia também foi mencionada por Mark Zuckerberg, o criador do Facebook, como um exemplo vencedor a ser seguido em um discurso recente. Musixmatch – acessível em forma de site e aplicativo para smartphone – oferece o maior catálogo online de letras de músicas e agora tem mais de sessenta milhões de usuários. Nasceu de uma necessidade muito definida para Max que, além de engenheiro, é um músico apaixonado e por isso sempre quis ter à mão as letras das músicas que escutava ou tocava. Max imaginou que não podia ser a única pessoa a querer isto, e então pensou em criar um aplicativo que permitisse ao usuário ver a letra da canção que está ouvindo no dispositivo reprodutor de música, por exemplo, o seu smartphone.

É uma ideia engenhosamente simples que tem facilitado a vida de milhões de amantes de música em todo o mundo. Max também foi brilhante porque, ao contrário de muitos antes dele, entendeu que não seria possível criar tal aplicativo sem pagar às gravadoras pelos direitos. Ele entendia o valor do trabalho genial que eram as músicas, e que isso deveria ser reconhecido e pago. Portanto, procurou investimento suficiente para pagar os royalties, realizar um marketing que lhe permitisse alcançar pelo menos um milhão de usuários na primeira fase e, é claro, para cobrir quaisquer custos de desenvolvimento. Estamos falando de grandes números, mas ter a certeza de poder alcançar um número tão elevado de usuários também lhe deu a certeza de poder vender bem a publicidade. Com um grande investimento inicial, ele foi capaz de pagar os royalties e começar grande: a partir de então, o mecanismo era autossuficiente.

A história de Max nos ensina que devemos ter a coragem e talvez até a bravura de pensar grande: se ele tivesse decidido começar calmamente, sem um acordo com as gravadoras, o que seria muito caro, ele provavelmente teria sido obrigado a fechar após três meses, e sua ideia, por mais válida que fosse, teria morrido ali mesmo.

PERSEVERANÇA, PACIÊNCIA E PAIXÃO

É claro que o entusiasmo visionário deve ser contrabalanceado por uma boa dose de realidade, porque no início é importante proceder com cuidado. Mas estabelecer uma meta que não seja facilmente atingível pode dar o impulso para garantir um grande resultado. Ao começar do zero com uma nova ideia, você tem que ser muito paciente e não deixar que as primeiras dificuldades o derrotem, porque não há certeza de que as coisas vão acontecer dentro do prazo que você estimou no início. É possível que durante os primeiros seis meses nada aconteça, e depois tudo corra de repente. À paciência acrescento outra habilidade muito importante: a perseverança, a capacidade de se agarrar e não desistir. Se você tem uma ideia, um projeto, um sonho, mas não está determinado o suficiente para persegui-los, então não vale a pena tê-los.

A beleza da nossa época é que, ao contrário do que aconteceu no passado, o lugar onde você nasceu ou o ambiente familiar de onde veio já não são tão importantes na sua formação pessoal. Ler, aprender, viajar, entrar em contato com diferentes realidades já não são prerrogativas exclusivas de apenas certos grupos sociais.

Lembro-me do caso de Jeremy Scott, o diretor criativo da Moschino, que é um dos designers mais famosos e aclamados do momento e é também um dos ícones pop do nosso tempo, independentemente de como você julga suas criações, que são ecléticas e inesperadas, para dizer o mínimo. Scott nasceu e foi criado num contexto que nada tinha a ver com moda, numa pequena cidade do Missouri, em uma família de classe média. Ele é a prova de que se você tem um sonho, se acredita em algo, se tem paixão e trabalha duro, então pode chegar lá.

É claro que você precisa ter o desejo e a curiosidade de captar esses estímulos e ser mente aberta para ser influenciado por eles, sabendo que eles são essenciais em todas as fases da concepção e implementação de um projeto e não apenas na inicial.

No final de 2015, eu estava em Bolonha visitando os escritórios do Musixmatch. Estava andando pela cidade com meu telefone preso ao ouvido. Do outro lado do aparelho estavam Marco e Stefano, e juntos estávamos tentando encontrar um nome para o serviço de entrega de almoços em que já vínhamos trabalhando há algum tempo. Foi uma verdadeira sessão de brainstorming, onde todos colocaram algumas ideias sobre a mesa esperando que, a certa altura, a correta aparecesse. Inicialmente, o nome que tínhamos pensado era Food-bowl, referindo-se à moda de usar tigelas – saladeiras e cumbucas cheias de vegetais, grãos e proteínas, temperados com molhos e sementes diversas – que se espalhava nos Estados Unidos e, a partir daí, por todo o mundo. No entanto, percebemos que o nome soava muito como "futebol" e que por isso seria enganador, porque faria as pessoas pensarem no esporte, que não tinha relação com as nossas tigelas. Então colocamos tudo de volta à mesa e pensamos novamente nos conceitos fundamentais do negócio que estávamos desenvolvendo: por um lado, a alimentação, é claro, e por outro, a cidade, o contexto urbano extremamente dinâmico ao qual queríamos nos voltar. Então, da fusão de "comida", *food* e "urbano", *urban*, o nome da nossa startup apareceu: Foorban. O que isso tem a ver com o fato de que eu estava em Bolonha visitando o Musixmatch? Bem, tenho a certeza que me inspirou. Não diretamente, é claro, mas os estímulos quase nunca são diretos... E isso é algo que aprendi no ensino médio, estudando latim, o que moldou muito a minha maneira de pensar, dando-me uma abordagem analítica. Da mesma forma, acredito que conhecer alguém tão brilhante como Max e visitar sua empresa naquele dia me estimulou a encontrar a abordagem certa para criar o nome do nosso negócio.

Claro que isso nem sempre acontece assim e nem todas as ideias que tenho vão necessariamente ser as corretas ou realizáveis. Eu e meus parceiros fizemos muitas dessas sessões de brainstorming durante a fase de idealização da Foorban. A maioria delas foi realizada no Tom, o restaurante de Marco em Milão. Nessa altura passávamos dias inteiros lá, trabalhando no nosso projeto e, quando o restaurante estava fechado, os chefs também nos usavam como cobaias, fazendo-nos experimentar novos pratos que pretendiam incluir no menu. As experiências nem sempre foram bem-sucedidas, assim como nem todas as nossas ideias eram utilizáveis... Mas o importante era tentar e não desistir. Isto é verdade tanto na cozinha quanto nos projetos de negócio!

ESTUDAR NÃO É SOBRE ACUMULAR CONHECIMENTOS, É SOBRE ACENDER UMA FOGUEIRA

Em relação ao latim e como os meus estudos influenciaram a minha maneira de pensar, devo dizer que estou muito feliz por ter frequentado a escola que frequentei: uma escola secundária científica estatal exigente em Busto Arsizio, com um programa experimental que dava muito espaço ao estudo de línguas e literatura (em italiano, latim, inglês e francês), às custas de horas de matemática. Sou um grande defensor do latim e não entendo aqueles que dizem que estudá-lo é uma perda de tempo, só porque não é algo que se usa todos os dias. É verdade que o latim não é usado todos os dias, mas a mente, certamente, é usada todos os dias... E o latim a molda, ensinando uma forma de raciocínio que na vida é mais útil do que muitas noções práticas. Obviamente, para se manter no mercado de trabalho você tem que preencher essa lacuna entre teoria e prática mais cedo ou mais tarde, porque é verdade que aqueles que saem do ensino médio sabem como criar uma tradução do latim, mas não uma fatura comercial. No entanto, estou convencido de que há sempre tempo para aprender coisas práticas; através dos estudos é mais importante adquirir um mindset válido.

E, de qualquer forma, por falar em estudos, a minha experiência me ensinou que tudo é possível. Tenho amigos que se saíram muito mal no ensino médio e iniciaram negócios de sucesso assim que concluíram a escola, e tenho outros que seguiram um caminho educativo "normal", formaram-se em finanças com louvor, trabalharam em bancos de investimento até seus trinta anos, percorreram a Europa e o resto do mundo, para depois regressarem à Itália e se tornarem empresários.

Afinal de contas, o mais importante nos negócios é ter um grande desejo de trabalhar, e isso não pode ser ensinado. Mas também é verdade que existem cursos que podem ensiná-lo como lançar uma empresa.

Estou feliz com o curso educacional que fiz, primeiro graduando-me em finanças e depois fazendo um mestrado em marketing. Eu gosto do fato de serem disciplinas que são de certa forma contraditórias - as finanças têm uma abordagem científica, numérica e, portanto, ensinam um método analítico, enquanto o marketing é feito, acima de tudo, de intuição, de uma sensibilidade que não está necessariamente relacionada à análise econômica.

As finanças também me ensinaram como avaliar uma empresa ou um ativo da empresa, o que hoje me é muito útil, pois quando vou pedir financiamento aos investidores para os meus projetos, posso avaliar minha empresa seguindo mecanismos claros, e isso me ajuda a apresentá-la melhor. Claro que, se eu não tivesse estudado finanças, também teria aprendido sobre isso - o fato de saber sobre finanças, de ter estudado, não mudou minha vida, mas me ajudou muito.

O mestrado em marketing, por outro lado, me ensinou o raciocínio setorial, tanto que na base de todo o meu raciocínio há as variáveis que tradicionalmente constituem o mix de marketing, ou seja, os chamados 4Ps: produto, preço, praça, promoção. É um conceito clássico, mas é o que me guiou, por exemplo, nas fases iniciais do The Blonde Salad, quando estava tentando aplicar o que aprendia ao que estávamos começando a criar.

Por esta razão, acho que uma educação em marketing é de grande interesse. Mas estou falando de marketing puro, não daqueles cursos focados apenas na comunicação. Na verdade, muitas vezes, a palavra "marketing" é confundida com uma simples promoção, enquanto preparar algo para o mercado significa trabalhar em todas as alavancas de decisão: produto, preço, praça e promoção. Obviamente, quando você começa com um projeto totalmente novo, saber como torná-lo atraente para o mercado é de grande interesse.

Também neste caso, o estilo empresarial de cada pessoa é claramente decisivo. Eu sou um homem de marketing e, portanto, tenho tendência a ter uma abordagem mais criativa do que financeira. Isto em si não é bom nem ruim para uma empresa. Se a minha abordagem tivesse sido diferente, mais orientada para as finanças, talvez eu não tivesse precisado de um diretor financeiro, mas sim de um diretor de marketing muito criativo.

É claro que, na fase inicial de uma empresa, ter ideias de como garantir que o empreendimento funcione bem para os clientes é uma prioridade em relação a garantir que funcione bem economicamente, porque no início só você tem como conhecer a sua ideia e a forma como quer vendê-la para o mundo, enquanto é mais fácil encontrar alguém que possa ajudá-lo com o quadro financeiro da empresa. Então, à medida que a empresa cresce com o tempo, ter fortes habilidades financeiras torna-se cada vez mais importante.

Em geral, eu diria que hoje, para aqueles que estão planejando lançar seu próprio negócio, os estudos setoriais são limitantes. Comecei no mundo da moda, depois passei a me interessar pelo setor de alimentos e talvez no futuro eu queira trabalhar em outros campos completamente diferentes. Hoje em dia isso não é incomum, e é a razão pela qual acredito que um aterramento vertical, em apenas um setor, é um pouco contraproducente. Se você quer fazer negócios na área de design, por exemplo, é inútil aprender tudo o que você precisa saber sobre design no início, porque talvez sua ideia não funcione e, portanto, precise mudar de direção. É muito melhor ter uma abordagem menos setorial que, em vez disso, nos ajude a gerir o lançamento de algo, ou que nos permita gerir uma empresa. Deve-se também ter em mente que, normalmente, quando você frequenta cursos de graduação em gestão e marketing, os casos de negócios que estuda são, na maioria das vezes, multinacionais, portanto, quando começar do zero em um projeto, as coisas são muito diferentes da teoria e você terá muito o que aprender no trabalho. Como em todos os aspectos da vida, você aprende fazendo e cometendo erros!

Então há sempre o caso daqueles que conseguem lançar um negócio de sucesso sem qualquer formação universitária. E isto porque ser um empreendedor é algo que você tem dentro de si: certamente os estudos podem ser úteis, mas o trabalho e as experiências pessoais também são, como viagens ou comparação com outras pessoas. O que você realmente precisa ter é uma abordagem mental que lhe permita identificar necessidades, compreender problemas, resolvê-los e encontrar as soluções certas, construindo algo. Isto é o que lhe permite fazer negócios em qualquer indústria e a qualquer momento. Uma pessoa inteligente e capaz conseguirá tirar o que é realmente importante de cada curso de estudo e, de maneira mais geral, de cada experiência, descartando o que não tem utilidade. E assim qualquer curso de estudo pode ser mais ou menos útil, enquanto o pensamento e a mentalidade empreendedora são difíceis de ensinar.

No fim das contas, porém, acredito que todas essas características pessoais – a abertura de espírito necessária para pensar fora da caixa, curiosidade, ousadia, paciência, perseverança – e também tudo que você pode aprender através do estudo e da experiência são inúteis se não houver paixão pelo que você faz, que é a coisa mais importante de todas. Quando você começa um projeto, na verdade, geralmente está sozinho, ou pelo menos há apenas alguns de vocês; você trabalha muito, tem que fazer um esforço constante, há muitos sacrifícios para suportar e os ganhos podem ser poucos ou inexistentes. Mas se é algo pelo qual você é apaixonado, o trabalho se torna uma coisa maravilhosa. Não é um constrangimento, mas a razão pela qual você se levanta de manhã.

CAPÍTULO DOIS

START... UP! COMEÇAR E RECOMEÇAR

- O que é uma startup?
- O que é preciso para começar e recomeçar

NÃO ATIRE NO STARTUPPER

Eu sei, a maioria das pessoas fica irritada quando ouve falar em startups. Isto porque, especialmente na Itália, uma retórica um tanto simplista e ridícula tomou conta, trazendo a imagem de crianças que se tornam milionárias em poucos meses graças a uma ideia vencedora, jovens gurus do Ted Talk, ou nerds fechados dentro de uma garagem trabalhando em algoritmos obscuros para inventar o próximo aplicativo.

Na realidade, este termo utilizado em excesso indica simplesmente a fase de arranque de uma nova empresa, com tudo o que isso implica a nível organizacional e estrutural. Além disso, o termo startup é muitas vezes confundido com o design de aplicativos ou com o lançamento de projetos exclusivamente baseados na internet. Na realidade, embora seja verdade que em sua definição original o conceito de startups se referia a um tipo específico de negócio, caracterizado por uma forte matriz digital e capaz de oferecer soluções de vanguarda absoluta, com o tempo esta definição tornou-se mais flexível e passou a incluir empresas recém-fundadas que operam nos mais diversos setores. Startup, portanto, é um conceito bastante amplo e pode significar também o lançamento de um novo projeto dentro de um grupo corporativo, como um *spin-off*, um braço que se destaca da empresa matriz para desenvolver negócios colaterais.

Estas empresas recém-nascidas geralmente têm um ou mais fundadores e um ou mais financiadores. É um modelo, emprestado das startups americanas, que é extremamente inovador para um país como a Itália, porque neste caso você não precisa ter um capital inicial reservado para fundar uma empresa. O fundador tem uma ideia, constrói um plano de negócios e encontra o dinheiro para montar a sua empresa. É um modelo muito mais democrático do que a ideia clássica segundo a qual só quem já tem o capital inicial reservado, talvez por ser de uma família rica (o clássico menino rico, por exemplo), pode criar uma empresa.

UM EM CADA MIL CONSEGUE

Obviamente, isto não significa que seja fácil começar, e é ainda mais difícil sobreviver: nos primeiros dezoito a trinta meses de existência – o que geralmente é o tempo necessário para sair da fase de arranque –, uma empresa enfrenta a dura realidade do mundo e do mercado, e é possível, eu diria que até mesmo provável, que sofra alguns golpes. No início, uma startup é como uma gazela que tem que correr pela sua vida. Não se pode cometer erros, porque a competição é realmente dura.

Estima-se que na Itália duas startups em dez fecharão dentro dos primeiros três anos. Há muitas razões pelas quais isto acontece – algumas startups simplesmente não conseguem acompanhar a concorrência; outras não têm um modelo de negócio sustentável; outras ainda falham por causa da inadequação do produto, do esgotamento do dinheiro ou por causa de questões legais. Eu sei que essas estatísticas podem parecer negativas e desencorajadoras, mas, sinceramente, isso parece bom pra mim!

Infelizmente, na Itália é muitas vezes difícil enxergar as coisas desse jeito, pois faz parte da nossa cultura empresarial querer tudo imediatamente, como se pudéssemos começar um negócio hoje e nos tornarmos milionários amanhã. Na verdade, não funciona assim, especialmente hoje em dia, em que o mercado potencial é maior, mas há também uma concorrência muito mais feroz. Portanto, quem pensa em saltar para este campo deve estar pronto para arregaçar as mangas, estar ciente de que o risco de fracasso é alto e de que pode levar mais tempo do que o esperado para atingir as metas estabelecidas.

De qualquer forma, parece-me uma inovação extraordinária que aqueles que têm uma ideia, mas nenhum capital, podem pelo menos tentar pedir um financiamento para torná-la realidade.

Deve-se dizer que o método startup é uma forma de fazer negócios que na Itália ainda permanece em grande parte inexplorado, precisamente porque estamos atrasados em relação aos Estados Unidos e outros países europeus, como o Reino Unido e a França. Numa economia estruturada como a nossa, as startups ainda carregam pouco peso. Claro, o fato de que estamos chegando lá é um bom sinal, mas tenha em mente que tradicionalmente o investidor italiano é uma das figuras mais conservadoras e tem uma tolerância realmente baixa ao risco. Esta realidade incontestável tem alguns aspectos positivos, porque é o que, por exemplo, permitiu ao sistema financeiro italiano nunca falhar, mas entra inevitavelmente em conflito com o método startup, que exige que os investidores estejam mais inclinados ao risco. Afinal, a palavra "risco" no termo "capitalista de risco" significa "aventura" e isto sugere imediatamente que a taxa é muito alta. Se eu abrisse meu pequeno fundo de investimento próprio amanhã, investiria em dez startups com a ideia de que uma se sairia muito bem, três iriam mais ou menos, e seis falhariam. Este é mais ou menos o risco que você tem que estar disposto a correr.

É importante salientar que outro obstáculo é o alcance da visão dos empresários italianos. Não são apenas os investidores, mas também os empresários que têm dificuldade em pensar grande, porque somos um pouco reservados na nossa forma de fazer negócios. Não é coincidência que as maiores empresas italianas tenham sido construídas há cinquenta anos e não hoje. Somos um país de pequenas e médias empresas. Portanto, mesmo no caso de startups, começamos com a ideia de criar uma empresa pequena ou média e, portanto, fazemos investimentos pequenos e médios, quando, em vez disso, as oportunidades mais interessantes surgem quando somos capazes de mirar alto.

Esta atitude reservada é contraproducente, porque a startup deve ser não só funcional e operacional, mas também interessante do ponto de vista financeiro. A prioridade é funcionar bem e ser atraente para os clientes, é claro, mas também manter um nível de atração para os investidores. E para conseguir isso, na minha opinião, é preciso pensar grande, vender-se a investidores com uma ideia clara do que se quer fazer e não ter medo de ousar em termos do tamanho do seu negócio.

O CÉU ACIMA DE RONCADE

Dito isto, gostaria também de salientar que neste período histórico não é tão difícil encontrar dinheiro, mesmo aqui na Itália, porque agora há mais liquidez do que houve desde o fim da guerra. A crise financeira de 2007 e 2008 na verdade provocou um enorme receio dos investimentos tradicionais – os investidores desmantelaram capital, vendendo títulos e ações e repatriando liquidez, e agora têm que gerir de uma forma diferente do investimento nos mercados financeiros.

Os bancos têm liquidez, mas também há toda uma série de fundos de investimento, empresários e os chamados investidores-anjos, ou seja, pessoas que têm recursos para investir. São todas pessoas que não sabem o que fazer com essa liquidez, justamente porque a bolsa de valores tem investimentos muito arriscados, e então estão cada vez mais interessadas em investir em startups, muitas vezes em troca de ações. É por isso que estao surgindo fundos de capital de risco, pequenos fundos ou grupos de investimento de pequenos empresários, ou seja, inúmeros intermediários mais ou menos institucionais que têm capital e estão dispostos a investi-lo, mesmo em jovens, porque estão acostumados a ter perfis de risco ligeiramente mais elevados.

Normalmente uma startup passa por várias fases de investimento. Geralmente elas começam com capital inicial, que é o primeiro nível de financiamento acessado para lançar um novo negócio. O capital semente quase sempre é uma junção do que vem de vários investidores-anjos. Eu e meus sócios fizemos exatamente isso com a Foorban – uma primeira fase de capital inicial com investidores que nos deram valores variáveis, arrecadando um total de quinhentos mil euros. Em seguida, realizamos mais algumas rodadas de financiamento inicial, que geraram um total de quatro milhões de euros.

Após esta fase, você passa a assegurar investimentos mais substanciais, voltando-se não para investidores-anjos, mas para investidores de capital de risco.

Às vezes, no entanto, uma startup passa por uma fase de incubação. As incubadoras de empresas são realidades criadas especificamente para startups que ainda não iniciaram oficialmente um negócio ou estão em uma fase muito precoce. Os investidores das incubadoras as levam quase literalmente pela mão e investem em habilidades, tempo, contatos, escritórios e recursos econômicos para incentivar seu desenvolvimento, em troca de ações da empresa, o que os torna efetivamente parceiros ativos no processo de criação e desenvolvimento do projeto. Ou seja, eles ajudam o startupper a ultrapassar a fase zero e chegar à fase um, mas em vez de fornecer capital, eles oferecem a rede e o know-how para tornar a ideia pronta para entrar em ação. Eles fornecem apoio fiscal, legal e organizacional, bem como, muitas vezes, assistência em termos de estratégia e marketing. E, quando pensam que chegou a hora, acompanham o startupper para se encontrar com o capitalista de risco italiano ou internacional.

Uma das principais incubadoras italianas, a H-Farm, ajudou meu amigo Simon Beckerman – milanês de pai britânico – a criar o Depop, um aplicativo social de compras que permite a todos comprar e vender diretamente de seus smartphones. Ela foi fundada em 2010 e hoje é uma das empresas mais prestigiadas do mercado mobile, com mais de vinte milhões de usuários, três escritórios, em Londres, Nova York e Los Angeles, e uma equipe de 120 funcionários. O Depop é um aplicativo altamente ativo que está explodindo no cenário das startups europeias. É um mundo que conheço bem porque sou membro do seu conselho consultivo, um grupo de especialistas da indústria que assessora a equipe executiva.

A história do Depop é fascinante e emblemática. Simon tinha 37 anos e já tinha tido várias experiências profissionais quando decidiu tirar férias para pensar em um novo projeto ao qual se dedicar. Nesses meses ele fez de tudo e pensou muito, até que um dia começou a desenhar em um caderno a interface de um aplicativo que lhe permitiria fazer compras online. Simon sempre foi um grande colecionador de tênis esportivos e sentiu que não havia sites que permitissem que alguém comprasse itens usados enquanto oferecia uma experiência divertida ao usuário. Após cerca de dez tentativas, ele achou a ideia interessante e enviou um e-mail para a H-Farm. Convidaram-no para o escritório de Roncade, perto de Veneza, e depois de ouvir a ideia dele decidiram ajudá-lo, fornecendo-lhe um escritório, um tutor para ajudá-lo a formular um plano de negócios e dinheiro. O período de incubação durou seis meses, durante os quais eles iniciaram o projeto, desenvolveram o aplicativo e o lançaram na App Store. Simon então voou para Londres, onde conheceu os maiores capitalistas de risco, que então decidiram financiar o projeto. O Depop vale agora mais de duzentos milhões de libras.

Simon é alguém com a mentalidade certa, que não teve medo de tentar e que foi capaz de fazer ótimo uso dos recursos fornecidos pela incubadora.

Claro que este não é o único caminho a seguir. Existem outras realidades que oferecem uma visibilidade justa para novos projetos, como vitrines para startups e dias organizados por incubadoras como a H-Farm, Nana Bianca e muitas outras, que permitem aos startuppers apresentar suas ideias a representantes de capital de risco e investidores-anjos, e que muitas vezes geram investimentos.

POR ONDE COMEÇAR?

As informações aqui são específicas da Itália, mas, naturalmente, os empresários que trabalham em outros países encontrarão informações e ajuda semelhante de organizações locais.

Um bom ponto de partida para coletar informações sobre incubadoras, aceleradores, vitrines e concursos para startups na Itália é o site StartupItalia.eu.

O artigo, em italiano, (disponível em: economyup.it/startup/acceleratori-eincubatori-dove-andare-per-far-nascere-un-impresa) contém uma lista das principais incubadoras e aceleradores do país divididos por região e é acompanhado por uma indicação do setor de especialização.

Se você está procurando um investidor-anjo, você pode apresentar seu projeto ao Italian Angels for Growth (IAG), a maior rede desse tipo da Itália (italianangels.net).

Os principais fundos de capital de risco na Itália são: Innogest SGR, 360 Capital Partners, Principia SGR, United Ventures, P101, Panakès Partners, Primomiglio SGR, Vertis SGR, Invitalia Ventures, Intesa Sanpaolo + Quadrivio, e OltreVenture (fonte: startupitalia.eu/59998-20160707-fondi-venture-capita-italia).

OLHOS FIXOS NO MESMO OBJETIVO

Outra opção disponível para aqueles que querem lançar seu projeto e que precisam de capital é o crowdfunding. Com este sistema, o promotor de uma iniciativa econômica, social, cultural ou caritativa pede aos utilizadores, através de uma plataforma de internet, as somas necessárias para apoiá-la. As mais famosas plataformas de crowdfunding são o Kickstarter e o IndieGoGo, mas há muitas mais e elas financiam projetos criativos de todos os tipos – não apenas startups, mas também quadrinhos, videogames, músicas e livros.

Este é um sistema muito interessante, mas não pode ser usado para todos os tipos de projeto. O processo envolvido requer que o projeto seja descrito com o máximo de detalhes possível antes de existir realmente, por isso não é adequado para aqueles setores que vivem do fator surpresa, como a moda, por exemplo. E também não é bom se o que você quer lançar é facilmente replicável, porque quando uma ideia ainda não está no mercado ela pode ser roubada, a menos que seja realmente difícil de copiar por razões técnicas. Em suma, para aqueles que criam marcas com um forte conteúdo "inspiracional", este sistema não é viável, mas pode ser utilizado com mais facilidade por aqueles que são capazes de desenhar e produzir objetos funcionais, que ainda não existem, e que requerem competências especializadas para serem criados. É por isso que é um método muito bom para todo o setor tecnológico.

Um exemplo disso é a OLO, a impressora 3D de baixo custo que pode ser usada com um smartphone graças às resinas poliméricas especiais de foto-endurecimento, que solidificam com a luz emitida pela tela do dispositivo. Os criadores, Pietro Gabriele e Filippo Moroni, apresentaram sua ideia no Kickstarter, com uma campanha de enorme sucesso que atingiu seu objetivo em apenas algumas horas.

CONSEGUINDO CONTAS

Durante o lançamento de um projeto, é necessário dinheiro e é provável que, nas fases iniciais, não haja ganhos.

Deixe-me elaborar com um exemplo. Vamos presumir que uma pessoa se compromete a angariar fundos para lançar o seu negócio e obtém dinheiro de um investidor, digamos, duzentos mil euros. O negócio precisa do financiamento porque no primeiro ano não vai ter lucro. Não tem receita, apenas o custo de cem mil euros. Digamos que no segundo ano essa pessoa tenha receita de cinquenta mil euros e custos de cem mil, então são precisos mais cinquenta mil euros. No terceiro ano, esse negócio também pode gerar receita e vamos supor que ela some trezentos mil euros, mas o custo também subiu para 350 mil, pois para crescer foi necessário investir. Assim, houve um déficit de cem mil euros no primeiro ano, cinquenta mil no segundo ano e outros cinquenta no terceiro. Por isso começaram com duzentos mil euros em fundos: porque sabiam que nos primeiros três anos gastariam mais ou menos duzentos mil a mais do que ganhariam. Portanto, na primeira fase não há lucro – se você ganha cem mil euros, mas tem custos de duzentos mil, você tem perdas de cem mil. Se, por outro lado, você é bom o suficiente para ter lucro – o que é realmente muito difícil –, é ainda mais necessário investi-lo em seu próprio negócio.

É por isso que acredito que, em princípio, não é possível começar sem dinheiro. Mas é claro que tudo depende do tipo de negócio que você tem em mente. A partir da minha experiência pessoal, eu e os meus associados da Foorban começamos com quinhentos mil euros, enquanto para a Chiara Ferragni Collection precisávamos de quatrocentos mil, porque eram atividades que exigiam certos tipos de custos para que pudéssemos arrancar. Com o primeiro negócio foi necessário pensar na logística, tanto para a preparação dos pratos como para a sua distribuição, bem como para o desenvolvimento do aplicativo. Neste último, foi necessário registrar as marcas e iniciar a produção dos calçados. Tudo foi diferente com o The Blonde Salad, porque começamos com um blog. Eu tirava as fotos e mantinha contato com as empresas, enquanto Chiara editava as fotos e escrevia o conteúdo do blog. Nesse caso o investimento foi realmente mínimo – dez euros para comprar o domínio e quinhentos para uma câmera semiprofissional. Mas era um negócio completamente diferente.

Na minha opinião, resumidamente, precisamos abandonar a mentalidade de "prefiro ir sozinho, mesmo que eu me ferre", o que é típico de muito empreendedorismo, porque com isso, quando você está se afogando, o negócio falha. Considero que ter oxigênio é mais importante, mesmo que isso signifique abrir mão de vinte por cento da empresa, caso a alternativa seja arriscar ficar sem nada. Ter oitenta por cento de uma coisa boa é melhor do que ter cem por cento de nada!

E, em relação à "síndrome da autossuficiência", penso que é absurdo queixar-se de que os empresários italianos, quando não conseguem angariar capital no seu próprio país, recorrem a investidores estrangeiros, dado que os maiores fundos de investimento europeus são britânicos, franceses e alemães. Não vejo por que um empresário italiano – que cria uma empresa startup na Itália – não deveria aceitar dinheiro de investidores de fora. Ele ou ela será sempre um empresário italiano, mesmo que o dinheiro seja britânico, francês ou alemão. O nacionalismo pode ser um grande fator limitante.

Lembro-me de um exemplo de proporções completamente diferentes, mas que, no entanto, penso ser significativo – o da Gucci, uma marca histórica italiana que em 2004 foi comprada pelo grupo francês, Kering, em uma aquisição. Naquela época, muitas pessoas ficaram com raiva e pensavam que era um escândalo, sem talvez considerar que os franceses não compraram a Gucci para afundá-la, mas para vê-la florescer. Kering manteve o caráter italiano da Gucci, que é a sua marca registrada, em todos os aspectos. Gucci é de propriedade francesa, mas o CEO é italiano, assim como o diretor criativo, e os escritórios principais estão localizados na Itália. Em suma, neste caso, os franceses foram muito inteligentes por investir numa das mais belas empresas italianas e mantê-la italiana, porque é assim que deve ser. E o mesmo se aplica às startups – qual é o problema de tirar dinheiro de fora para tentar criar uma empresa no seu próprio país?

LORENZO GUIDOTTI Parceiro e gerente nacional de administração de riquezas e familiar da Solutions Capital Management, SIM SPA

Quando você vai a um investidor para solicitar financiamento para seu negócio, por mais forte e inovadora que seja a sua ideia, é essencial transmitir que você tem a paixão e energia para levar o projeto adiante e provar que a equipe é a certa para colocar em prática o que tem em mente.

Fui com Marco Mottolese, Riccardo Pozzoli e Stefano Cavaleri conversar com os investidores quando eles procuravam financiamento para a Foorban; neste caso era vital mostrar aos investidores que Marco era o especialista em produto, Riccardo o especialista em marketing e branding e Stefano o empresário, todos com a intenção de encarnar a alma do projeto. Sem uma abordagem empreendedora deste tipo, seria muito difícil ter sucesso.

Nem todos os financiadores são iguais, assim como o dinheiro deles também não é. Este conceito é geralmente encarnado na fórmula "dinheiro inteligente", o que significa que os fundos obtidos dos investidores são acompanhados pelo know-how, habilidades, redes de contato e muito mais. Portanto, é melhor recorrer a financiadores ligados ao setor em questão, pois eles podem ter outras maneiras de olhar para o projeto e agregar valor a ele, além de apenas fornecer recursos monetários.

Entre outras coisas, é essencial ser capaz de trazer investimentos sem diluir demais o negócio, sem fazer muitas rodadas de investimento e sem perder o controle da empresa. O intermediário também tem um papel fundamental a desempenhar aqui. É por isso que acredito que, em primeira instância, na fase de arranque, é melhor recorrer a incubadoras ou outros empresários, os chamados investidores-anjos, do que a capitalistas de risco. É mais fácil para eles entender como é importante deixar o controle da empresa para o fundador, para que ela não mude radicalmente. Eles também entendem como seria prematuro começar imediatamente a pedir KPIs (indicadores-chave de desempenho, ou seja, os índices que monitoram o progresso de um processo da empresa). Afinal, assim como um empreendedor, o investidor também deve ser capaz de seguir seu instinto, uma qualidade indispensável para poder colocar dinheiro em um projeto que ainda está na fase inicial e que muitas vezes é difícil de entender e prever plenamente em termos de seu potencial.

CAPÍTULO TRÊS

TER UMA VISÃO (MESMO) SEM SER UM VIDENTE

- Como ter uma ideia e transformá-la em uma empresa
- Esboce uma visão e lhe dê substância
- Só a ideia não é suficiente

SONHANDO DE OLHOS BEM ABERTOS

Na linguagem do marketing, o termo visão é usado para indicar a ideia que o empresário tem da sua empresa, e é a base para qualquer plano de negócios. Em outras palavras, é a projeção de um cenário futuro que reflete os valores e o espírito de uma empresa, e todas as decisões que são tomadas devem ter como objetivo a realização desse cenário e devem ser consistentes.

Por exemplo, a declaração de visão do Twitter diz: "Dar a todos o poder de criar e compartilhar ideias e informações instantaneamente, sem barreiras." A do Google, "Organizar a informação do mundo e torná-la universalmente acessível e útil". A do Instagram, "Capturar e compartilhar os momentos do mundo".

QUANDO MENOS SE ESPERA

Por que algumas pessoas têm uma visão e outras não? É em parte uma questão de caráter, mas eu diria que depende, acima de tudo, de um conjunto de variáveis que devem se unir: educação, antecedentes e experiências.

Para isso, ajuda ter à nossa volta pessoas que nos ensinam a sonhar, que não nos põem limites, que não nos influenciam com a sua mentalidade fechada. Meus pais fizeram isso por mim, embora no início da minha experiência com o The Blonde Salad não fosse fácil para eles entender exatamente o que estava acontecendo, porque não estavam familiarizados com blogs, mídias sociais e assim por diante. É claro que as primeiras receitas vieram quando eu ainda estava fazendo minha dissertação de graduação, e isso me ajudou a entender – e ajudou minha família a entender – que estávamos indo na direção certa e que havia uma oportunidade de negócios. Mas era certamente muito mais arriscado do que ter uma carreira bancária, que era a oportunidade imediata para aqueles que, como eu, tinham estudado finanças. Agora, quando penso nisso novamente, percebo que isso era mais a minha própria preocupação; era mais o meu próprio medo, de começar algo que não tinha relação com os meus estudos, do que um erro. Os meus pais, por outro lado, sempre me apoiaram. Claro, eles não esconderam o fato de que tinham algumas inseguranças, mas nunca projetaram em mim medos inúteis. Afinal, estou certo de que cometemos muitos erros sem a ajuda daqueles que, questionando o que fazemos, nos pressionam a refletir e entender que nem todas as intuições estão certas.

É importante ter pessoas ao seu lado capazes de aconselhá-lo, talvez até mesmo pessoas que estejam afastadas do que você está fazendo. Às vezes você pode ver qual é o caminho certo, mas outros acham que é o errado. Muitas vezes, ter que enfrentar outra pessoa ajuda a testar a sua verdadeira convicção sem ter que contar necessariamente com o apoio e a compreensão dos outros ou fazê-los mudar de ideia. Além disso, às vezes algo pode não ser absolutamente certo, mas pode ser certo para você, e isto é o que mais conta e, o que no final, faz com que seja correto.

JUNTE OS PONTOS

A capacidade de ter uma visão pode ser aprendida. Neste sentido, ajuda muito ter experiências, não estar sempre fechado em uma concha, e conhecer realidades diferentes.

No que me diz respeito, uma das coisas que mais moldaram a minha maneira de pensar foi ter mudado de casa com tanta frequência. Eu sei que pode parecer loucura, mas na realidade, a nossa casa é uma das coisas mais importantes na nossa mente, e na pirâmide das necessidades humanas vem em segundo lugar, depois da comida. É o símbolo das nossas raízes, da nossa segurança. Quando eu tinha 31 anos, já tinha mudado de casa pelo menos quinze vezes. Isto me acostumou a pensar que não é tão impossível mudar as coisas, porque se todas essas vezes eu consegui abandonar o que é simbolicamente entendido como o nosso núcleo e recomeçar, então a mudança é sempre possível.

E é algo que se aplica a um nível pessoal, claro, mas também a um nível profissional. É sempre possível recomeçar tomando um novo caminho, iniciando um novo projeto. Para isso, não se deve ter medo de mudar, de correr riscos e de sonhar. E você também deve ter a coragem de colocar os obstáculos longe o bastante de você, porque se os colocar muito perto pode saltar sobre eles muito facilmente e depois torna-se um problema identificar e preparar todos os próximos passos.

Ao mesmo tempo, porém, você também precisa ser paciente, porque, como eu disse, ter uma visão significa ver algo que não existe, que está em outro tempo. Obviamente, o tempo depende de muitas coisas, sendo a principal delas o tipo do projeto. Se o meu sonho é produzir vinho, devo estar consciente de que é uma atividade que requer muito tempo do ponto de vista fisiológico. E assim, também é necessário perseverança, para que eu não desista antes de ter alcançado o meu objetivo. As várias frases motivacionais que são servidas em toda parte acabaram se tornando redundantes e enfadonhas, mas é realmente essencial nunca desistir, porque se você tem uma visão, tudo é possível. Estou falando, porém, de sonhos realizáveis, para os quais não existem obstáculos objetivamente intransponíveis, que não dependam de nós para superá-los. Fora isso, estou convencido de que estamos em um momento histórico no qual todo sonho pode se tornar realidade. Claro que pode levar mais tempo do que o esperado, talvez até uma vida inteira, e você tem que estar disposto a pagar o preço – porque há sempre um preço a pagar – mas no final você pode chegar lá.

Outro elemento prático que, na minha opinião, deve ser levado em conta é que a dinâmica da sua vida privada pode entrar em conflito com as suas aspirações profissionais e, nesse momento, caberá a você escolher o que deve ser feito. Pelo menos uma vez me encontrei numa situação em que, para realizar um sonho de negócios, teria de pagar um preço muito alto a nível pessoal... E decidi não o fazer. Mas não há uma resposta para todos ou para qualquer momento da sua vida.

Como eu disse, ter uma visão não é algo para todos, mesmo que você possa "treinar-se" para desenvolver uma. Andrea Lorini, que é meu amigo íntimo há muitos anos e agora diretor executivo da Chiara Ferragni Collection, sempre me diz que ele e eu poderíamos trabalhar juntos para o resto da nossa vida, porque eu tenho visão enquanto ele equilibra os livros. E eu concordo plenamente, porque nos complementamos perfeitamente. No entanto, é importante que aqueles que têm a visão saibam como moldá-la corretamente e, uma vez definida, tudo o que fazem deve ser voltado para a sua realização. Desenhar a sua própria visão é a coisa mais difícil de todas, porque com o tempo ela pode evoluir, mas nunca deve ser distorcida. Se você mudar repentinamente de direção, na verdade, tudo o que foi feito até aquele momento terá sido simplesmente uma perda de tempo, recursos e energia.

Uma visão permite transformar a ideia em uma empresa. Mas o que nos permite chegar a uma ideia é sensibilidade, curiosidade, mente aberta e, sim, até mesmo contexto. Viver num contexto estimulante que o impele a exercitar a sua criatividade e a ser sempre curioso é uma vantagem inegável, mas é claro que você precisa ter os traços certos de caráter para ser capaz de captar estes estímulos e torná-los frutíferos. Os humanos são naturalmente curiosos; são exploradores, viajantes, *connoisseurs*, caso contrário, não teria sido possível progredir. Todos têm esta capacidade de explorar, porque se uma pessoa o conseguiu, todas as outras também o conseguem. Porém, nem todos têm a coragem, a capacidade ou a liberdade mental para a extrair.

Quando pensei no The Blonde Salad, tinha uma namorada que adorava fotografar seus looks e publicá-los online. Entendi o sentido do que ela estava fazendo e, naquela época, meu trabalho consistia em analisar blogs especializados todos os dias e lidar com a comunicação na web. O campo era diferente, porque se tratava de jardinagem e não de moda, mas eu já estava familiarizado com as redes sociais, porque durante a minha adolescência o Badoo, a Netlog e o MSN eram os queridinhos. Eu já estava projetado nessas realidades e assim, na hora certa, vi todas as subtramas se alinharem perfeitamente – vi os pontos se juntarem.

Na minha opinião, os "pontos" são os antecedentes e experiências de vida, e estas são coisas que se pode obter, porque, se quiser, quase todos têm a oportunidade de explorar. Estou consciente de que a situação econômica no início tem uma certa importância, mas penso que hoje é menos assim do que era antes. Hoje existe a internet onde você pode se informar e ler, e até mesmo viajar se tornou mais acessível. E quando falo em viajar, não me refiro a ir quem sabe onde ou fazer quem sabe o quê; trata-se mais de uma atitude mental, da capacidade de manter a mente aberta a estímulos, diferentes perspectivas e ponto de vista alheio. Sabemos muito bem que há pessoas que nunca vão a lugar algum e que têm a mente muito mais aberta do que aquelas que viajam pelo mundo, mas ainda não estão prontas para deixar suas mentes vagar.

Uma vez confrontado com os pontos, cabe à sua sensibilidade juntá-los. Ter uma ideia significa unir criatividade com sensibilidade. Nesse momento você entende que só há uma maneira de juntar todos esses pontos, o *input* inicial que, combinado com a visão, pode se tornar algo real.

Para chegar a uma ideia, no entanto, você tem que se colocar no estado de espírito correto. Em primeiro lugar, não há como saber antecipadamente se você tem ou não uma ideia, por isso não faz sentido dizer a priori: "Não sou suficientemente criativo." Você precisa se colocar em uma posição para se tornar criativo – viajar, abrir sua mente, ler, se informar, experimentar, viver. E o melhor é que este processo não tem nada de mecânico, direto ou linear sobre ele.

Quando fui chamado para o estágio em Chicago, eu não sabia muito sobre produtos para irrigação, mas disse para mim mesmo: "Estou indo precisamente porque não sei." Na realidade, mesmo depois dessa experiência, eu ainda entendia muito pouco sobre jardinagem, mas minha mente se abriu de formas que de outra maneira seriam impensáveis, e isso ajudou com o nascimento do The Blonde Salad.

Penso que o fato de não haver uma correlação direta entre o estímulo e uma nova ideia é uma coisa boa, porque significa que a inspiração pode realmente vir de onde menos se espera.

A IDEIA NÃO É SUFICIENTE

Quando eu falo com aspirantes a startuppers, percebo que eles caíram um pouco no mito de uma ideia vencedora. Embora seja verdade que deve haver uma ideia na base da criação de uma nova empresa, também é verdade que agora é quase impossível inventar algo novo. O que faz a diferença é pôr a ideia em prática.

Penso que este é um conceito mais atual, menos ingênuo e definitivamente mais complexo, no sentido em que uma ideia pode ser brilhante, mas se tida no momento errado, implementada no mercado errado, pela equipe errada, não irá a lugar nenhum. Tal como há ideias menos interessantes, mas que são postas em prática de maneira tão boa que podem alcançar resultados excepcionais. Em vez de ter a ideia do século, a verdadeira vantagem é ter a resiliência de poder colocá-la em prática da forma correta.

Graças às experiências que tive até agora, percebi que até os potenciais investidores veem as coisas dessa forma e, em vez de apenas avaliar a ideia, se perguntam se os que estão à sua frente são capazes de concebê-la. Eles geralmente não se importam se é uma novidade sensacional, se todos os números estão batendo, ou se o plano de negócios é perfeito, porque investem em pessoas. Foi o que aconteceu comigo, Stefano e Marco quando procuramos investidores para a Foorban – eles queriam nos encontrar para ver se éramos realmente a equipe certa para transformar essa ideia em um negócio.

Quando me perguntam de onde nos inspiramos para a Foorban, sinto vontade de rir, porque copiamos o modelo de negócio de uma empresa nova-iorquina chamada Maple... que falhou dramaticamente em apenas dois anos! Maple surgiu de uma ideia do famoso *restaurateur* e empresário David Chang e estreou em Manhattan no verão de 2015, oferecendo um alto nível de serviço com almoços gourmet, cozinhados em um restaurante especializado e entregues ao cliente em trinta minutos. Maple foi um enorme sucesso; eles conseguiram fazer vendas de vinte milhões de dólares em um ano, mas depois entraram em falência. O problema era que, numa tentativa de conquistar todo o mercado, eles tinham baixado o preço dos seus pratos para nove dólares. Claro que foi uma decisão economicamente insustentável. Com um negócio como esse, onde os ingredientes custam muito mais do que os ingredientes dos concorrentes, que oferecem um produto padrão, e com os custos associados à entrega numa área como Manhattan, era impensável entrar numa luta de preços – eles não podiam ganhar. Na verdade, na terceira rodada de financiamento, os investidores se recusaram a continuar.

A história da Maple contém várias lições, como por exemplo: você precisa ter um posicionamento correto e entender exatamente qual é o seu público-alvo. É evidente que tal produto não deve ser oferecido às massas, mas àqueles que são mais sensíveis à qualidade e ao quão saudáveis são os ingredientes, que estão dispostos a gastar um pouco mais e têm a capacidade de fazer isso.

Na minha opinião, em qualquer caso, a lição mais importante de todas é esta – uma ideia pode estar certa, mas depois é necessário fazer todo o restante bem, porque cada fase da criação de um novo negócio tem os seus próprios perigos. E é sobre isso que vou tentar lhe contar no próximo capítulo.

SIMON BECKERMAN — Startupper em série e fundador da Depop

Penso que uma empresa de sucesso começa sempre pela união de uma boa ideia e uma equipe de pessoas que são culturalmente próximas a ela. Muitas vezes vejo pessoas com ideias fantásticas, mas em áreas e campos onde elas não têm experiência. É precisamente a experiência no campo em que se quer embarcar, que conduz ao crescimento cultural necessário para ser bem-sucedido no projeto empresarial. Caso contrário, você acaba criando maravilhosas e muito eficientes caixas vazias, sem ter a menor ideia de como preenchê-las.

É muito mais fácil criar sucesso a partir de uma ideia média, mas com uma equipe ótima, do que o contrário... Embora, claro, o ideal seja poder contar com ambos os elementos. Depop, a minha última aventura, nasceu precisamente porque, quando me veio à cabeça, pensei: "Esta é uma ideia fantástica e terá sucesso porque, dada a minha experiência com o que esta empresa vai fazer, sou a pessoa perfeita para levá-la adiante." Por isso, decidi ir em frente. Quando você tem esses dois ingredientes fundamentais pode começar a aventura... E quanto mais sintonizados estes dois ingredientes estiverem um com o outro, mais natural será o processo de criação e melhor será o resultado. Isto para mim vem quando há um "clique", quando depois de muito trabalho, você acorda uma manhã e, depois de respirar fundo, percebe que os pistões no motor funcionam autonomamente e que você só tem que adicionar gasolina.

Para mim, isso significa ter alcançado a fase um. Mas este não é o destino final, porque a seguir vêm a dois, três etc!

Meu conselho, portanto, é não começar com uma ideia só porque acredita como fazer um plano de negócios, entende o processo de captação de recursos ou porque sabe tudo sobre como o Google funciona. Na minha opinião, é essencial analisar uma ideia e se perguntar se você é a pessoa certa para realizá-la; se é apenas a ideia que faz você se sentir apaixonado ou também a comunidade que você vai servir. Só no segundo caso, na minha opinião, você está realmente pronto para decolar!

O que me moveu e ainda me move na minha atividade empresarial é o desejo de construir algo que me torna independente e que me dá a oportunidade de ajudar os outros a serem independentes. O elemento comum entre todas as empresas que fundei ou participei da fundação é o desejo de criar algo novo, explorando novas fronteiras e, através delas, mostrar a mim e aos outros que há sempre uma forma de criar algo que acrescente valor ao que já existe. O processo de criação é o que me dá o entusiasmo para continuar... e estou convencido de que isto não é verdade apenas para mim.

Quando somos jovens, somos impedidos de fazer muitas coisas porque são erradas ou perigosas. Mas sempre que se diz "não" a uma criança, você diz a ela que ser curioso é errado e que ela está correndo o risco de se machucar. Na realidade, a curiosidade é o que, como adultos, nos levará a aprender e, como resultado, a criar coisas novas. Uma criança que cresce com tantos "nãos" não vai querer fazer nada quando crescer, porque vai ter medo de tudo. E é esta convicção da qual precisamos nos livrar – não há problema em cometer erros, porque se aprende mais com os fracassos do que com os sucessos. O importante é deixar o medo em casa para que você possa manter sua mente aberta e receber as lições que aprendemos quando vamos para o mundo e fazemos as coisas.

Para mim, o melhor momento é sempre quando começo a ver que as pessoas usam os meus produtos. Enquanto as observo, penso em todos os dias e noites que passei trabalhando nos negócios, nas discussões e brigas, nas ansiedades e nos trabalhos que serviram para criar o que outros estão usando naquele momento e que compraram com o próprio dinheiro – o resultado do trabalho deles. Ver que alguém decidiu espontaneamente gastar o seu dinheiro ou tempo em algo que você criou é uma emoção incrível.

Lembro-me quando o Kanye West pediu para seu consultor criativo, Virgil Abloh, entrar em contato comigo e com o meu irmão, Daniel, quando estávamos vendendo a marca de óculos de sol que tínhamos criado, a Super Sunglasses, porque o cantor queria produzir uma linha de óculos de sol conosco... Kanye saiu do quarto do seu apartamento em Nova York com uma caixa cheia de óculos, dizendo que tinha comprado todos, para esclarecer inequivocamente o seu apreço pelo nosso produto!

No entanto, nada do que aconteceu com o Depop teria sido possível se eu não tivesse dado ouvidos a alguém que não me deu descanso durante dias com os seus conselhos não solicitados – a minha mãe. No período em que eu procurava financiamento, ela repetia continuamente: "Simon, há uma entrevista na GQ com Renzo Rosso, na qual ele diz ter investido em um campus de tecnologia para iniciantes chamado H-Farm. Leia o artigo, pode ser bom para a sua ideia." Não a ouvi durante dias e, entretanto, estava pensando em como encontrar uma solução para o meu problema. No final, como ela me atormentava, eu lhe disse: "Tudo bem, mamãe, eu vou ler", mais para que ela me deixasse em paz do que qualquer outra coisa. E então a H-Farm provou ser fundamental para o sucesso do Depop! É verdade que as mães estão sempre certas...

CAPÍTULO QUATRO

UM COLCHÃO NO ESCRITÓRIO PARA PASSAR DA FASE ZERO PARA FASE UM

- Como agir eficazmente na fase de arranque
- A importância da programação e da improvisação
- A sobreposição do trabalho e da vida privada

AGENTE 00...1

"De zero a um" é uma fórmula concebida e tornada famosa por Peter Thiel, cofundador do PayPal e Palantir e financiador de algumas das mais importantes startups do Vale do Silício, incluindo Facebook, SpaceX e LinkedIn.

Thiel argumenta que "o progresso pode tomar uma de duas formas. O progresso horizontal ou extenso, que significa copiar coisas que já funcionam – indo de 1 a *n*. Esse processo é fácil de imaginar, porque já sabemos como ele é. E o progresso vertical ou intensivo que significa fazer coisas novas – indo de 0 a 1".[1] E quanto é necessário para cobrir a distância, em termos de tempo e esforço, entre dois números tão próximos? Certamente mais do que você imagina!

Em primeiro lugar, antes de poder ir de zero a um pode ser que você experimente quatro ou cinco "zeros", porque a primeira experiência pode não correr bem de imediato. Pelo menos foi assim para mim.

Um dos meus "zeros" foi a minha primeira experiência empresarial, que tentei em 2005, no meu segundo ano de universidade, juntamente com o meu amigo Stefano Cavaleri. Nossa ideia era criar uma rede social para estudantes de economia, facilitando o intercâmbio de leituras, conselhos, livros, notas, oportunidades de trabalho e assim por diante. A nossa rede chamava-se YMGUP, um acrônimo que significava "Young Managers Go Up".

Para todos os efeitos, ele foi um precursor do LinkedIn com um foco nos estudantes de economia, que eram um pouco diferentes pois geralmente estavam mais focados no mundo do trabalho, e mais propensos a aderir a uma rede desse tipo.

O projeto nasceu do nosso desejo de nos envolvermos mais na realidade universitária que nos rodeava, de trabalharmos em rede, e também, mais trivialmente, de termos um site que pudesse nos manter informados sobre todas as festas organizadas pelas várias faculdades de economia. Com uma visão a posteriori posso dizer que foi uma ideia boa e bastante inovadora, e mesmo na época podíamos ver o seu potencial.

Então começamos por encontrar um desenvolvedor de web, que era amigo de amigos, e confiamos a ele a criação do site. Este último, no entanto, levou mais de seis meses, porque não tínhamos um orçamento para lhe pagar e, por isso, ele só trabalhava em seu tempo livre. Quando o site ficou pronto, percebemos que não podíamos promovê-lo. Era 2006, eu tinha vinte anos e tinha uma rede muito limitada de contatos. Não tinha os seguidores nas redes sociais que tenho hoje para lhes dizer que tinha lançado um novo site... E, para dizer a verdade, o Facebook tinha acabado de nascer e o Instagram nem sequer existia!

Quero dizer, nunca tendo feito um "de zero a um", eu não sabia o que estava fazendo. Eu não sabia quanto tempo era necessário; não sabia de quanto dinheiro eu precisava; e não sabia como me comunicar com a nossa rede social e falar-lhes sobre isso. É por isso que, apesar de termos tido uma boa ideia desde o começo, o projeto falhou. Apesar do resultado, porém, foi uma experiência importante, que me ensinou muitas coisas tanto no nível teórico como no prático; por exemplo, aprendi a gerenciar um programador e a revisar todos os gráficos que ele mandava. Para mim, que não era familiarizado com os aspectos práticos, foi um treinamento importante.

Eu acho que quando você começa um novo projeto, a atitude mais construtiva é dizer: "Vou tentar. Então, se não funcionar, não importa, mas pelo menos terei ganhado alguma experiência e da próxima vez, certamente, cometerei menos erros." O startupper é um pioneiro e, portanto, deve ser capaz de assumir riscos sem ter medo de se comprometer – e, acima de tudo, ele ou ela deve ser capaz de fazer, em vez de falar.

UM OBJETIVO É UM SONHO COM UM PROJETO

Pioneiro sim, mas não um kamikaze. Atirar-se de forma imprudente para um empreendimento arriscado, ignorando totalmente as hipóteses de sucesso, nunca é uma boa ideia. É por isso que penso que é essencial ter uma agenda, um plano de negócios, um plano tático operacional a ser seguido. Mas, se as circunstâncias assim o exigirem, é igualmente importante ser capaz de improvisar e não permanecer cegamente ligado ao seu projeto original.

O plano serve como um ponto de referência, mas se a realidade sugere ir em outra direção, você deve estar pronto para fazê-lo. Se, por exemplo, você tiver uma atividade comercial e após três anos perceber que tem a oportunidade de abrir uma nova loja, quando o plano era fazê-lo após cinco anos, não há nada que o impeça de mudar os seus planos. Se o plano de negócios era abrir uma loja em Roma e em vez disso a tendência do primeiro ano de atividade sugere que é melhor abri-la em Turim, é claro que é isso que você deve fazer.

O importante é tomar decisões sensatas, e é também por isso que você precisa ter um plano de negócios – você precisa ter uma direção clara a fim de reconhecer quando você talvez não deva segui-la. Se você não tiver nenhum ponto de referência, é mais difícil saber quando mudar de direção.

O plano de negócios é um elemento-chave se você pretende apresentar o seu projeto a um potencial investidor. Há muitas maneiras de criar um plano de negócios e você pode encontrar muita informação e modelos na internet para ajudá-lo.

Um plano de negócios não se trata apenas de números; é uma apresentação adequada. A primeira coisa que você precisa fazer é explicar quem são os membros da equipe, porque quando você quer convencer um investidor, precisa se certificar de que ele ou ela acredita na equipe que estará envolvida no projeto. O segundo passo fundamental é ilustrar o problema que você quer resolver. Quando tenho de fazer isto, penso sempre numa cena muito famosa de *O lobo de Wall Street* - que não é um filme que me agrade, a propósito, ao contrário de muitos dos meus antigos amigos de faculdade que têm uma foto de perfil no Facebook de Leonardo DiCaprio como Jordan Belfort. O filme, no entanto, faz-me sentir desconfortável, porque parece transformar em mito uma realidade totalmente negativa. Apesar disso, adoro a cena da caneta. Uma das formas de Jordan testar as habilidades de um vendedor é pedindo-lhe para tentar vender-lhe a sua própria caneta. O que tem mais sucesso é Brad, o melhor negociante da área, que não se perde em conversa fiada tentando convencê-lo que a caneta é mais bonita ou especial do que as outras, mas garante que ele precise dela.

— Pode me fazer um favor e escrever o seu nome no guardanapo?

— Não tenho uma caneta...

— Exatamente. Oferta e procura, meu amigo.

Esta troca rápida ilustra melhor que muitos tratados teóricos um dos aspectos fundamentais do marketing, ou seja, a exigência de criar uma necessidade urgente para estar pronto para satisfazê-la.

Nesse momento é necessário explicar como você pretende responder à necessidade ilustrada, mostrando como funciona o projeto, quais os seus pontos fortes, quem é o público-alvo, em suma, apresentar a chamada proposta de valor, incluindo tudo o que distingue o negócio futuro de outros já presentes no mercado. Este aspecto está intimamente ligado ao passo seguinte, que consiste em delinear o panorama do mercado e serve para identificar concorrentes diretos e indiretos e para dar uma ideia mais precisa da dimensão do mercado potencial. Se você está procurando obter financiamento também pode ser útil para ilustrar as rodadas de financiamento feitas pelos concorrentes.

Esta etapa introduz a parte sobre os números reais: em primeiro lugar, você tem que calcular os custos de inicialização, ou seja, as despesas que terão que ser feitas só para iniciar o negócio. Essas despesas incluem despesas legais, registro de marca, desenvolvimento do site e do aplicativo, para citar apenas alguns exemplos relacionados ao mundo das startups digitais, como as que lancei até agora.

Depois é preciso apresentar os custos operacionais dos dois primeiros anos, que incluem atividades de marketing, pagamentos ao desenvolvedor do negócio, consultor pessoal, consultor administrativo, funcionários, o CEO, o designer gráfico... e pagamentos para o servidor, aluguel e gerenciamento do escritório, manutenção, e assim por diante. Uma previsão de despesas tão detalhada é essencial quando se procura financiamento, porque só assim se pode determinar o quanto se deve pedir aos investidores.

Os investidores são então informados sobre o valor da empresa com base nas receitas estimadas para os próximos dois ou três anos. Neste caso, seria apropriado delinear vários cenários possíveis, porque não se pode ter certeza de como o negócio vai correr. O ideal é propor três cenários: um muito pessimista, um razoavelmente realista e um muito otimista.

Para fazer tudo isso você deve ser organizado, rigoroso e metódico, mas também deve ter um espírito de improvisação. O empresário deve ter a intuição de deixar o caminho que ela ou ele está seguindo para ir em busca do tesouro, pois este pode não estar no caminho principal. Mas você nunca deve perder de vista esse caminho, para que você possa eventualmente voltar e continuar sua jornada.

MAS COMO O EMPRESÁRIO FAZ TUDO ISTO?

Ao lançar uma empresa, você precisa saber fazer um pouco de tudo: é por isso que um startupper não deve ser muito bom em apenas uma coisa. Ou melhor, ela ou ele deve estar pronto para gerir todos os vários processos que essa fase envolve. É por isso que o startupper geralmente não é um geek, mas uma pessoa dinâmica, pronta para "sujar as mãos".

Eu sei, você provavelmente está pensando em Mark Zuckerberg, que é um dos mais famosos startuppers do mundo, que certamente não é (ou não era) um cara assim, e é o nerd típico, permanentemente colado ao computador. Mas ele tinha a inteligência para rodear-se de pessoas que eram diferentes dele e que poderiam compensar os seus defeitos quando se tratava de configurar o Facebook.

Sempre tive esta tendência para cuidar de tudo, até mesmo do que gerava algumas dores de cabeça. Por exemplo, quando eu estava no colegial, sempre fui o representante da classe, o representante da escola, o capitão da equipe de atletismo, o editor do jornal e o baterista da banda da escola. Então no quinto ano percebi que, se eu queria passar nos meus exames, talvez eu também devesse estudar!

A minha capacidade de ser multitarefa foi severamente posta à prova durante, pelo menos, o primeiro ano após o lançamento do The Blonde Salad. Quando a ideia de começar um blog tomou forma durante conversas via Skype com Chiara, comecei a estudar programação HTML, a ver tutoriais na internet e a aprender como fazer os gráficos de um site. Ajudou-me que naquela época eu estava em Chicago, uma cidade terrivelmente fria, e por isso passei muito tempo em frente ao meu computador, em casa, onde era quente! Além do trabalho e do esporte, eu não tinha muito o que fazer, então não foi difícil encontrar tempo para construir uma competência básica sobre o assunto. No início era muito simples, porque utilizávamos uma plataforma muito comum do Google, que se chamava Blogspot. Partimos da plataforma padrão do Blogspot, a partir da qual pudemos acessar o código HTML, e depois fizemos as alterações que queríamos.

Claro que, quando o negócio cresceu, eu o deixei para aqueles que eram melhores na parte técnica do que eu. Entendi que minhas habilidades poderiam ser melhor utilizadas em outras áreas, tais como relações interpessoais e gestão de clientes. Mas mesmo isto é um processo e não algo que se possa saber desde o primeiro dia: é só trabalhando que se pode aprender a passar o tempo de uma forma frutífera. Quando você começa, é normal, como fundador da empresa, cuidar de tudo. No entanto, ao começar a construir o negócio, você precisa ser capaz de entender onde suas habilidades e recursos podem ser melhor investidos, assim como você deve fazer com o pessoal que você emprega, sem ceder ao impulso de controlar tudo. Caso contrário é impossível crescer, porque somos todos humanos e todos temos limites, que são representados pelo nosso tempo, energias e capacidades. Acima de um certo nível, é impossível continuar a crescer por conta própria. Antes de chegar lá, porém, quando vocês ainda não são um negócio estruturado, é inevitável que o fundador seja obrigado a fazer a maior parte ou todo o trabalho, sem poder delegar nada a ninguém. Isto significa dedicar praticamente todo o seu tempo ao seu projeto. E é aí que entra a paixão: só com paixão você suportará os sacrifícios inevitáveis. Você tem que estar pronto para colocar todo o seu coração nisso e muito mais!

Nos primeiros anos do The Blonde Salad eu era totalmente dedicado ao trabalho. Eu havia praticamente parado de praticar esportes, desistindo de uma das coisas que mais amo, e estava totalmente focado no projeto. No começo, eu era muitas vezes o fotógrafo, assistente e produtor, assim como também me encontrava com os clientes. Uma vez em casa, eu passava as minhas noites escrevendo e-mails, enquanto Chiara preparava o conteúdo para o blog... e na manhã seguinte começávamos tudo de novo.

Mesmo depois houve momentos em que foi necessário ficar no escritório muito além dos limites do horário normal de trabalho (também porque naquele momento, felizmente, tínhamos mudado de local, da sala de estar em casa para um escritório de verdade). O lançamento da nova plataforma em 2014 e o lançamento do site de comércio eletrônico em 2016 exigiu nosso constante e completo compromisso e presença, embora agora pudéssemos contar com uma grande equipe de colaboradores. Nas fases iniciais de um novo projeto, porém, esses momentos são realmente a norma!

A mesma coisa aconteceu nos primeiros três meses de Foorban: Marco e Stefano dormiam tantas vezes no sofá do escritório que começaram a deixar suas escovas de dentes e pijamas lá. Isso também aconteceu mais tarde, por exemplo, quando abrimos uma pequena filial da Foorban na nova sede da Amazon em Porta Nuova, Milão. Também neste caso, meus associados e eu nos encontramos ao mesmo tempo envolvidos na gestão diária dos nossos negócios e na realização da nossa mini cantina na Amazon, com a instalação dos frigoríficos, dos armários aquecidos e de todo o resto. Ser um startupper pode ser um trabalho exigente, até mesmo num nível físico!

(NÃO CONSIGO TER) SATISFAÇÃO

Eu sou da opinião que você não deve viver para trabalhar, mas ao mesmo tempo eu acho que o trabalho pode dar enorme satisfação e preencher sua vida. Isto não significa que, em nome do trabalho, seja inevitável ter de sacrificar todo o seu tempo livre, quanto mais as suas relações pessoais: isto é algo que eu nunca quis fazer. Mas a vida é feita de muitas fases, e haverá momentos em que você escolhe conscientemente dedicar-se mais ao trabalho e, em outros momentos, dedicar-se a outras atividades. O importante é encontrar um equilíbrio, lembrando que mesmo que você não possa se dedicar totalmente ao seu trabalho, a satisfação profissional tem um grande impacto na felicidade pessoal. Se eu não estou satisfeito do ponto de vista do trabalho, também me torno um saco na minha vida privada... e aqueles próximos a mim podem testemunhar isso! As primeiras fases de lançamento de um novo projeto são particularmente exaustivas, porque no início pode ser difícil avaliar o sucesso da sua ideia. Os números, neste caso, podem não ser um parâmetro confiável. Às vezes, de fato, um retorno econômico não é visto durante anos, porque o lançamento da empresa dura tanto tempo que queima fundos durante um longo período, até eventualmente atingir um volume de negócios suficientemente grande para pagar todo o trabalho duro, gerando uma margem de lucro. As receitas, no entanto, devem chegar imediatamente, pois ao se lançar publicamente, uma resposta positiva do mercado deve ser imediata (dependendo, obviamente, da natureza do negócio).

Meus dois sócios e eu fundamos a Foorban no início de janeiro de 2016, mas os primeiros cinco meses do ano foram dedicados ao estabelecimento do negócio, com a criação do aplicativo, a instalação e organização da cozinha, e a contratação de pessoal. Estruturamos a empresa com a ideia de que dentro de cinco meses, no máximo, deveríamos começar a faturar, porque tínhamos recolhido fundos suficientes para doze meses.

Em outras palavras, sabíamos que podíamos não ganhar nada durante um certo tempo, durante o qual só teríamos custos, mas depois, lentamente, teríamos que começar a ganhar dinheiro. Na realidade, as coisas correram melhor do que o esperado: assim que lançamos o serviço, começamos imediatamente a receber encomendas, porque graças ao boca a boca, ao fato de termos planejado campanhas publicitárias no Facebook e no Google, nos fizemos visíveis aos potenciais clientes através das redes sociais... Em suma, tínhamos criado um buzz antes da decolagem.

Então, assim que ativamos o serviço, começamos a faturar, e então crescemos dia a dia.

PEQUENOS PASSOS

Para fazer as coisas, e para fazê-las bem, é preciso tempo. Estou pensando, por exemplo, em tudo o que é necessário para criar uma coleção de sapatos e acessórios, um setor que conheço bem e que acompanho há anos graças à Chiara Ferragni Collection.

O *input* inicial começa com Chiara que, sendo a diretora criativa da linha, dá um esboço geral e sugere uma ideia à equipe de designers, da qual alguns estilistas são mais especializados em tênis, outros em sapatos de salto e acessórios. Esse esboço inicial serve como base para iniciar o processo criativo: os designers enviam os seus desenhos à Chiara, que seleciona, modifica e dirige o seu trabalho.

Neste momento, é realizada uma reunião operacional adequada com o gerente de produção, o fabricante e o gerente de vendas. O primeiro poderia dizer: "Esse sapato é bonito, mas nunca poderemos produzi-lo abaixo de um certo custo." Enquanto o gerente de vendas poderia dizer: "Considerando a tendência da temporada passada, nunca o venderemos acima de um certo preço." Após esta análise, a coleta é definida de uma vez por todas, e é produzido em um número variável de amostras, dependendo da necessidade. As amostras são distribuídas aos escritórios de vendas responsáveis pelas diversas áreas geográficas (Europa, Ásia, América).

A coleção primavera/verão é apresentada em julho do ano anterior. Os compradores de todo o mundo examinam as amostras e encomendam várias peças da coleção. As encomendas são recolhidas até cerca de meados de setembro, mas mesmo no final de julho as primeiras encomendas são transmitidas ao fabricante que, dependendo de como as coisas estão indo, poderá iniciar a produção de alguns dos produtos. Isto é continuado em setembro, outubro e novembro. Em dezembro, o fabricante envia as quantidades encomendadas para as lojas em todo o mundo, para que a partir de janeiro, após a conclusão das vendas, possam expor e vender a coleção primavera/verão.

Parafraseando o famoso provérbio, uma coleção de sapatos não é criada em um dia. Mas isso é verdade para qualquer projeto que seja bem feito!

MASSIMILIANO BENEDETTI Empresário da web, diretor de marketing do Yoox Group até 2012 e membro independente do conselho de administração da filial americana do Grupo YNAP

O tradicional trabalho de escritório das nove às cinco já não faz sentido na era pós-revolução digital. Mesmo nas empresas mais tradicionais - e, mais ainda, nas mais inovadoras - você não pode se sentar no seu escritório e esperar pelo negócio; você tem que se levantar e procurá-lo!

É por isso que lhe aconselho a sempre manter os seus olhos bem abertos. Afinal, graças à internet, o acesso à informação é muito mais imediato do que era antes, e, portanto, explorar novos horizontes e buscar novas parcerias está muito mais ao alcance. Se eu descobrir alguém que está do outro lado do mundo, mas que pode me ajudar a expandir meu negócio, há uma boa chance de que com alguns cliques, um contato no Facebook, Twitter e um e-mail, eu possa me conectar com eles. E então, talvez com uma chamada com vídeo pelo Skype e um voo, eu possa triplicar meu negócio... Só porque liguei para o canal certo.

Lembro-me que em agosto de 2005, quando tínhamos acabado de começar com a Yoox e tínhamos um alvo muito agressivo para os Estados Unidos, eu tinha que decidir se ficava no escritório para acompanhar os negócios como de costume ou se partia para Nevada para conhecer os fundadores do serviço LinkShare, vendo a possibilidade de o negócio triplicar em um ano. Obviamente, escolhi a segunda opção e tudo correu bem... Mas ainda há muitas pessoas que, numa situação semelhante, teriam ficado presas à sua cadeira, mas estou convencido de que, num mundo em que todas as distâncias foram reduzidas, mesmo as formais, é essencial mover-se para ir em busca de oportunidades e novos horizontes. Sempre disse aos membros das equipes com quem trabalhei que se passarem toda a semana no escritório sentados em suas cadeiras, é óbvio que estão fazendo algo de errado.

Precisamente devido ao dinamismo que caracteriza o nosso tempo e à velocidade da mudança nos dias de hoje, o planejamento de projetos da forma tradicional já não funciona. Quando eu era consultor, sempre repeti este mantra: em uma vida livre de riscos, tudo está em risco. Eu ainda acredito firmemente nisso. Mesmo quando tudo está indo bem, se você se sentar, corre o risco de que o mundo mude da noite para o dia e você não será capaz de acompanhar a mudança. Lembro-me do que aconteceu com a tecnologia móvel - aqueles que trabalhavam na web e estavam despreparados quando ela explodiu, perderam muitas oportunidades.

Para não ser dominado pelas mudanças, penso que há duas estratégias a se manter. A primeira é sempre manter o padrão muito alto. Mesmo que você tenha certeza de que fez tudo certo, manter-se exigente lhe permite lidar melhor e com mais autonomia com qualquer evento inesperado. A segunda é pensar lateralmente. Se você tiver a capacidade de ver não apenas a estrada à sua frente como todo mundo, mas também aquelas que entram pelos lados, é mais fácil entender quais contramedidas tomar quando a estrada principal desaparece. A chave para tudo não é estar despreparado quando a mudança chegar, mas tentar ser imaginativo e criativo desde o início (e nisso, devo dizer, os italianos são muito bons).

NOTA

1. THIEL, P.; MASTERS, B. *Zero to one: notes on start ups, or how to build the future*, Random House: Nova York, 2014.

CAPÍTULO CINCO

JUNTOS IREMOS LONGE... E MAIS RÁPIDO

- A importância das pessoas em uma empresa
- Trabalhar com amigos
- As vantagens (e desvantagens) de ter um ou mais parceiros
- Gerindo sua equipe
- Estratégias para a escolha das parcerias mais construtivas para o seu negócio

TODOS POR UM

Uma empresa não é nada em si mesma. Uma empresa é um grupo de pessoas. Por esta razão, lançar as bases para uma empresa de sucesso significa, acima de tudo, aprender a investir nas pessoas. A premissa, óbvia mas indispensável, é que você não deve considerar os funcionários como números, mas sempre tratá-los com o máximo respeito. Além disso, estou profundamente convencido de que grande parte do investimento deve ser feito em capital humano, porque é absurdo pensar que se pode construir uma empresa, e depois crescer e inovar, fazendo tudo sozinho. A síndrome da autossuficiência caracteriza uma certa mentalidade empreendedora de estilo antigo, mas, infelizmente, também afeta muitos jovens empreendedores. Na minha opinião, no entanto, é um desastre, porque escalar sozinho é impossível. Construir equipes de trabalho sinérgicas e coesas é um dos aspectos cruciais para lançar as bases de uma empresa de sucesso, e é ainda mais importante do que ter indivíduos excepcionais em sua equipe, pois se eles não forem apoiados por uma equipe que lhes permita expressar todo o seu potencial, suas qualidades serão desperdiçadas. Seria como ter Cristiano Ronaldo em uma equipe desorganizada, mal preparada, em campo: se ninguém lhe passasse a bola, ele nunca seria capaz de marcar e sua contratação teria sido apenas um terrível desperdício de dinheiro.

Eu sempre fui certo disso e isso se reflete na escolha do nome da empresa que Chiara e eu fundamos em 2011. Nós a chamamos de TBS Crew porque gostávamos do conceito de tripulação que empreende uma viagem junta e quer continuar na mesma direção.

Quando você deixa a fase inicial em que faz tudo sozinho e decide ser ajudado por alguns colaboradores, é crucial cercar-se de pessoas com as quais você sabe que pode se dar bem. Num pequeno negócio é melhor ter pessoas agradáveis à sua volta, e não só pelo prazer de trabalhar com elas, mas também porque o negócio vai funcionar melhor. Em mais de uma ocasião tive a oportunidade de verificar que ter uma pessoa difícil, independentemente das suas capacidades, numa pequena equipe cria situações complexas e impede essa pessoa – e os que a rodeiam – de trabalhar em seu melhor. Então, é claro, a dinâmica e as necessidades de uma equipe evoluem conforme ela cresce: em uma empresa com cinquenta funcionários, ter um *top dog*, ou alguém que se destaca, é importante, porque eles certamente encontrarão alguém com quem estabelecer uma relação positiva. Se houver quinze funcionários, no entanto, é melhor dispensar o *top dog* se seu caráter e atitude o fazem incapaz de se identificar com seus colegas.

Ser capaz de criar uma situação satisfatória à sua volta e não ter de se espremer num molde pré-definido é um conceito que também pode ser aplicado à equipe de colaboradores que você escolhe ter ao seu lado. Você tem que estar ciente de quem você é e rodear-se de pessoas com quem se dá bem. Eu sempre me refiro às realidades pequenas e contingentes como startups, porque em uma grande empresa não se pode esperar que todos sejam amigos e frequentem a yoga juntos!

AMIGOS, NUNCA... OU TALVEZ?

Minha experiência pessoal é caracterizada por uma forte mistura de amizade e negócios. No início foi uma pequena coincidência, ditada pelo fato de que meu primeiro empreendimento importante, o The Blonde Salad, nasceu de uma colaboração com minha então namorada. Depois de alguns meses, quando a carga de trabalho aumentou, pedimos a alguns amigos para nos ajudarem. Nessa altura, não podíamos nos dar ao luxo de contratar empregados e, de fato, nem sequer faria sentido trabalhar com fotógrafos profissionais ou designers gráficos, dada a ainda pequena dimensão do nosso negócio. Era muito melhor fazê-lo com pessoas com as quais era agradável passar tempo e era fácil encontrar a sinergia certa.

Assim, por exemplo, a minha amiga Chiara Magnaghi juntou-se a nós; ela estava terminando a sua monografia de direito e não queria se dedicar exclusivamente a isso. Ela queria uma experiência que a mantivesse ocupada durante três ou quatro horas por dia enquanto completava sua pesquisa. Eu precisava de ajuda com a administração e a contabilidade, por isso ela também veio a bordo. Na verdade, com o tempo, tornou-se tão apaixonada pelo nosso trabalho que, após se formar, decidiu rever seus planos futuros e não iniciar seu estágio em um escritório de advocacia, como havia planejado. Ela ficou conosco por mais seis meses, durante os quais percebeu que gostava muito do trabalho. No entanto, também percebeu que precisava de formação específica na área e, por isso, inscreveu-se num mestrado em marketing e comunicação. Depois do mestrado, por ser uma pessoa extremamente brilhante, foi contratada pela Saatchi & Saatchi, que é uma das agências de publicidade mais importantes do mundo. Ela trabalhou lá por três anos como gerente de contas e projetos antes de retornar, como gerente de projetos, para o The Blonde Salad.

É verdade que eu também tive más experiências. Em um caso, após uma boa colaboração com um amigo, a relação profissional começou a se deteriorar e, em seguida, se rompeu completamente. E a separação de trabalho coincidiu com o fim da relação pessoal. Em outros casos, os amigos vieram trabalhar comigo, depois cada um seguiu seu próprio caminho, mas sem problemas... e continuamos amigos, mesmo que não trabalhássemos mais juntos.

É evidente que, na escolha dos colaboradores, o fator amizade nunca prevaleceu sobre a avaliação dos méritos pessoais. Estou absolutamente convencido de que não é correto contratar alguém só porque é um amigo, tanto do ponto de vista da justiça e da honestidade, como para o bem da empresa. Mas se um amigo também é objetivamente bom, por que não levá-lo a bordo? Para mim, os amigos foram um recurso muito importante, particularmente porque o meu círculo de amigos foi formado essencialmente durante os meus anos de universidade e as minhas primeiras experiências de trabalho, por isso na maior parte do tempo eram pessoas com uma formação semelhante à minha, que estavam na minha área e cujas habilidades eu conhecia.

É claro que muitas vezes tive de encontrar colaboradores sem recorrer à minha lista de conhecidos pessoais, passando assim pelos canais clássicos do *scouting*, análise de currículo, pesquisa e entrevistas, especialmente quando os meus negócios começaram a ficar maiores. Na fase inicial, porém, quando a sua vida profissional está quase completamente sobreposta à sua vida privada a ponto de ser confundida com ela e você passa dias inteiros (e até noites) junto aos seus colegas, então estar rodeado de pessoas que você conhece, com quem você tem uma forte empatia, com quem você se preocupa e confia, é importante. Ou pelo menos era para mim. No caso da Foorban, por exemplo, o fato de os meus parceiros serem também os meus amigos mais próximos tornou o tempo passado juntos mais agradável e os sacrifícios iniciais mais suportáveis.

O risco é que, de um ponto de vista pessoal, mais cedo ou mais tarde algo se rompa, porque, se você considerar que estão tanto tempo juntos no trabalho, talvez no seu tempo livre vocês prefiram estar com outras pessoas, não porque se preocupam menos um com o outro, mas porque realmente precisam de uma pausa.

A UNIÃO FAZ A FORÇA

Outra peculiaridade da minha experiência como startupper é que nunca lancei um projeto por conta própria. Eu sou uma pessoa extremamente sociável e ganho forças tendo uma equipe para levar adiante comigo, para liderar. Eu sempre fui assim e sempre tive a tendência de cuidar das situações. Meus amigos esperam que eu organize as viagens ou noitadas porque sempre fiz isso. E gosto disso, do contrário não me sentiria útil. Ter outra pessoa para levar comigo me dá a quantidade certa de senso de responsabilidade. Acho que se estivesse sozinho diante de alguns obstáculos, eu teria desistido muito mais facilmente.

Por esta razão estou feliz por ter parceiros, porque gosto de ter companheiros com quem partilhar a viagem e as satisfações. E tê-los torna-se ainda mais importante quando não há satisfações para partilhar, apenas falhas e decepções, porque você pode lidar com tudo muito melhor quando estão juntos. É claro que você pode ter uma pessoa ao seu lado que, numa situação difícil, o puxa ainda mais para baixo, mas em geral eu acho que compartilhar os desafios de lançar e gerenciar um projeto com outra pessoa é algo positivo, especialmente se você tiver a inteligência de ter ao seu lado alguém que tenha competências complementares às suas e que possa, de alguma forma, compensar as suas deficiências.

Entre outras coisas, estar numa parceria significa que você pode crescer mais rápido e construir algo, em menos tempo, que seja mais completo do que o que você teria sido capaz de fazer por conta própria. Além disso, eu gosto de ter que lidar com pessoas inquisitivas – os pontos de vista dos outros são sempre muito importantes para mim. Muitas vezes aconteceu de eu discutir assuntos com outros e mudar de opinião, mesmo quando pensava que estava convencido do meu ponto de vista.

Na fase inicial isto é ainda mais crucial, porque quando se tem de mergulhar com todo o coração em um projeto, é bom quando todos estão envolvidos da mesma forma, sabendo que não estão apenas trabalhando para trazer um salário para casa, mas igualmente para construir algo que também faz parte deles mesmos.

Esse ponto, porém, também é pessoal – nem todos gostam de ter parceiros ou são capazes de trabalhar com eles. Isto se aplica tanto ao dono de uma empresa, quanto a uma loja de roupa, um restaurante, um site de comércio eletrônico, quanto ao criador de uma startup supertecnológica: há aqueles que, em vez de terem parceiros, preferem esperar para poderem fazer tudo sozinhos (mesmo que isso signifique ter de renunciar a algumas oportunidades) e aqueles que, pelo contrário, dão o melhor de si quando fazem parte de uma equipe.

Não faz sentido negar: a parceria com alguém também pode ter repercussões negativas. Você pode julgar o seu parceiro errado, pela simples razão de que é quase impossível conhecer alguém completamente, ou pode ser que a pessoa com quem você está mude ao longo do tempo. Afinal, as pessoas mudam o tempo todo, dependendo do que acontece com elas em suas vidas. E aqueles que deveríamos conhecer, podem mudar ao lidar com dinheiro.

Na minha opinião, porém, o maior risco quando se tem um parceiro é que, em algum momento do caminho, os interesses que antes eram compartilhados deixam de ser assim, e não se está mais olhando na mesma direção. Então, algum grau de atrito é inevitável. É claro que há muitas maneiras de sair de tais situações, e instrumentos como os estatutos da sociedade e acordos de acionistas existem para regular as relações entre os sócios, para prevenir situações de conflito ou para ajudar, protegendo os interesses da empresa. Quando você começa, é natural ter muito impulso e pensar que tudo vai correr bem, mas estes passos nunca devem ser negligenciados, e é essencial aproveitar os conselhos de profissionais que podem ajudar aqueles que estão iniciando um projeto a ter uma visão muito clara e fornecer soluções para todos os problemas que possam surgir na evolução de um negócio. No início, como em qualquer tipo de relacionamento, é impossível prever exatamente no que o projeto vai se tornar e como nós mesmos vamos mudar durante este processo, portanto, ter acordos claros é de vital importância.

GUIAR OUTRAS PESSOAS PARA FAZER GRANDES COISAS

Quer você tenha fundado uma empresa sozinho ou em conjunto com um ou mais sócios, se as coisas correrem bem, chega uma altura em que é necessário aprender a delegar, e nesse momento o empresário deve dedicar pelo menos metade do seu tempo à gestão de recursos humanos. Mais uma vez, esta é uma habilidade que é refinada ao longo do tempo por meio de tentativa e erro. No início, pode acontecer de se dar responsabilidades demais à pessoa errada, talvez superestimando ou subestimando outras... E só a experiência nos ensina a limitar os erros (sabendo que é muito difícil, se não impossível, livrar-se completamente deles). A orientação deve ser a de reunir pessoas que se complementem, para evitar conflitos. Uma equipe coesa não pode ser constituída apenas por atacantes; nem é composta apenas por defensores. Mais uma vez, saber medir os vários ingredientes é essencial.

Então, uma vez escolhidos, os colaboradores devem ser gerenciados. No passado, a imagem do empresário de sucesso quase sempre correspondia a uma figura agressiva e autoritária, que tinha que enfatizar constantemente o seu próprio ego, enquanto nos empresários da minha geração uma abordagem mais "gentil" e colaborativa é mais popular. É a diferença entre ser chefe, ou seja, a pessoa que comanda, e ser um líder, a pessoa que lidera a sua equipe e que se torna o seu ponto de referência.

Eu acho que a escolha entre estes dois modelos depende muito da sua própria atitude individual. Eu, por exemplo, não poderia ser um chefe mesmo que quisesse, porque sou muito empático. Precisamente devido à minha natureza pessoal, quando chega o momento em que um colaborador que cometeu um erro deve ser severamente repreendido, eu não seria capaz de fazê-lo e, em qualquer caso, eu não seria totalmente crível. É mais natural para mim chamar o funcionário num canto, fazê-lo entender qual é o erro e explicar-lhe o motivo da minha decepção e desagrado. É um processo mais humano, que sem dúvida implica um maior gasto de energia, mas que quase sempre leva a um resultado positivo. Apesar disso, eu não demonizaria totalmente a atitude do chefe, porque um pouco de realismo saudável me sugere que, às vezes, em certas situações e com certas pessoas, essa poderia ser a abordagem mais eficaz.

Outro aspecto que considero importante na criação de equipes eficientes e coesas é fornecer informações claras e precisas, para que todos saibam quais são as suas responsabilidades e os limites do seu campo de ação. Esta é a única forma de prevenir situações de conflito em que alguém se sente pisado por um colega. E esta é também uma forma de motivar funcionários que sentem que têm papéis definidos, que sabem claramente o que se espera deles e quais são os objetivos que devem alcançar. É importante que todos estejam sempre informados sobre a situação geral e, ao mesmo tempo, que as responsabilidades pessoais sejam definidas com precisão.

Conferir responsabilidade é a melhor forma de motivar, enquanto passar a mão na cabeça de alguém nunca é uma boa ideia. Se você perceber que uma pessoa não é capaz de fazer o que ela deveria estar fazendo, você pode tirar suas responsabilidades, mas assumir suas obrigações e dizer "eu vou fazer isso por você" não tem utilidade para ninguém.

Para motivar a sua equipe, é muito importante que aqueles que estão no topo compartilhem informação com todos os outros. No passado, muitos gestores usavam o acesso à informação como um elemento de poder, sem perceberem que isso afetava negativamente os fluxos de trabalho e, consequentemente, a qualidade e rapidez do próprio trabalho.

Além disso, na minha opinião, não se pode partilhar os objetivos e resultados da empresa sem partilhar também as receitas: se correu bem, independentemente das expectativas, os colaboradores têm todo o direito a um bônus. Estou convencido de que na vida pessoal o dinheiro não deve ser um objetivo em si mesmo, mas simplesmente um meio de alcançar outras coisas. Na vida profissional, no entanto, é uma recompensa. Se um empregado trabalhou e alcançou resultados melhores do que os definidos para ele, é justo dar-lhe um bônus econômico. Ao mesmo tempo, se o trabalho foi feito corretamente, mas os objetivos não foram alcançados, o empregado não deve ser punido, pois muitas variáveis podem levar ao fracasso. Se, por outro lado, o não cumprimento das metas se deve a uma falta de compromisso por parte do empregado em questao, pode ser necessário rever a sua posição, até para dar um bom exemplo aos outros. Se, dentro de uma equipe de dez pessoas, nove trabalham como deveriam e uma não, se nenhuma ação for tomada sobre esta última, todas as outras serão desencorajadas. O incentivo econômico não é apenas um prêmio, mas uma forma de reconhecer os méritos de um funcionário.

Eu imagino que tudo isto pode parecer bastante óbvio quando se pensa em grandes empresas e no gerente que distribui dinheiro que não é dele ou dela no momento de decidir se deve ou não conceder um bônus a um empregado (e mesmo assim, sabemos muito bem que não se pode tomar nada como garantido!). Mas é uma questão muito mais delicada para os pequenos empresários, onde uma decisão como essa pode envolver um sacrifício pessoal significativo e, portanto, torna-se uma escolha estratégica muito importante.

É claro que existem muitas outras formas de aumentar o desempenho de cada indivíduo: existem startups onde todos os lucros da empresa são partilhados; outras em que alguns empregados, considerados estrategicamente importantes para a empresa, são pagos através de plano de compra de ações, como foi o caso, por exemplo, da Yoox (imagine ter 0,1 por cento do valor pelo qual a Compagnie Financière Richemont a comprou – ou seja, 0,1 por cento de cerca de cinco bilhões de euros!)

A tudo isto se somam os incentivos "divertidos", como as viagens corporativas, eventos de formação de equipes, torneios desportivos, refeições semanais em conjunto... São atividades que não têm relação com a atividade principal da empresa, mas permitem que a equipe se dê melhor e se torne cada vez mais produtiva.

ATÉ QUE A MORTE NOS SEPARE (OU QUASE)

Quando você cria uma empresa, você não deve se preocupar apenas com seus próprios funcionários, mas também com os das empresas que você usa para manter seu negócio funcionando. A este respeito, o melhor é mirar nas relações de longo prazo. Ao fazer negócios, um compromisso sério deve ser feito com o seu parceiro, o que eu comparo, de certa forma, a um casamento. Você começa com a ideia de que o negócio para o qual você está lançando as bases não irá falir em doze meses, mas será construído a médio e longo prazo, por isso não faz sentido pensar em explorar o seu parceiro a curto prazo. Além disso, se o seu parceiro não for um tolo (e espero que não, se você decidiu trabalhar com ele!), ele ou ela será o primeiro a querer estabelecer uma relação deste tipo, sabendo que a verdadeira oportunidade de fazer o seu trabalho dar frutos e, portanto, de ganhar dinheiro, é a médio e longo prazo.

Foi o que Chiara e eu fizemos com o licenciado da Chiara Ferragni Collection, por sugestão do gerente de vendas da nossa empresa, Lorenzo Barindelli, que é para mim um verdadeiro ponto de referência.

Nos conhecemos quando eu disse à minha mãe que queríamos criar uma marca de acessórios e ela, que sempre trabalhou no campo da moda e já conhecia Lorenzo há muitos anos, sugeriu isso. Apesar da diferença de idade, nós nos apaixonamos profissionalmente, tanto que ele se tornou nosso parceiro. Aprendi muito com ele, porque Lorenzo está muito à frente: a sua mente é muito mais nova do que metade dos meus colegas e a sua mentalidade vanguardista é combinada com a sua vasta experiência. Isto é algo que sempre valorizei muito e no qual me inspirei, sobretudo porque, na altura em que começamos a trabalhar juntos, eu tinha uma experiência muito limitada.

Graças à intuição de Lorenzo, decidimos envolver plenamente o produtor da Chiara Ferragni Collection no nosso projeto, além de dar-lhe algumas ações da nossa empresa. E o proprietário da empresa em questão, Pasquale Morgese, retribuiu integralmente a nossa confiança ao longo dos anos. Desde a nossa primeira visita à fábrica da Mofra Shoes, ele nos fez perceber que queria investir e lançar-se em novos projetos e acreditou tanto em nós que nos permitiu crescer. Por exemplo, na primeira temporada, ele decidiu produzir muito mais sapatos do que havia sido encomendado, porque estava convencido de que no meio da temporada as lojas já teriam esgotado e iriam querer reabastecê-los. Ele correu um grande risco, porque se sua previsão não tivesse se revelado correta, ele teria muitos sapatos para descartar e uma enorme perda econômica. Mas a sua coragem foi recompensada: em meados da temporada tínhamos vendido não só os da primeira ordem, mas também todos os que estavam no reabastecimento.

Encontrar um parceiro que acredita muito no seu projeto é fundamental e, pela minha experiência, esse é o elemento mais importante a ter em mente ao escolhê-los, sem parar em uma avaliação superficial e talvez apenas levando em conta as outras parcerias de prestígio das quais já se podem gabar. Pasquale deixou claro que, por nós, ele iria à lua e voltaria. Pouco tempo depois de iniciar a nossa colaboração, de fato, ele adquiriu outra unidade de produção apenas para a Chiara Ferragni Collection. E se isso não for um sinal de fé, então...

Seguir uma estratégia clara na escolha das parcerias mais construtivas é realmente crucial. Nos estágios iniciais do The Blonde Salad, por exemplo, muitas vezes decidimos trabalhar com um orçamento zero, mas com marcas de alto perfil que nos ajudariam a construir a nossa imagem. Em outras palavras, decidimos fazer sacrifícios, focando em um resultado mais importante, porém mais distante no tempo. Na época já existiam muitas outras empresas que gostaríamos de ter como colaboradoras, mas escolhemos as nossas colaborações de uma forma ambiciosa e sábia, trabalhando mesmo sem sermos pagos para nomes importantes no mundo da moda, a fim de construir o posicionamento da nossa marca.

O que o The Blonde Salad é hoje, o seu reconhecimento e credibilidade internacional, é o resultado dessas mesmas escolhas. Afinal de contas, às vezes construir uma empresa significa poder renunciar aos benefícios econômicos de uma colaboração, porque você tem uma ideia clara do que pode ser construído a longo prazo.

MATTEO SARZANA Gerente geral da Deliveroo (Itália)

A Deliveroo é uma marca global, mas com um negócio extremamente local. Isso significa que a marca, que é a mesma em toda parte, é combinada com negócios da região, o que é particularmente local, já que se trata de comida - talvez a expressão mais regional de todas.

Mesmo dentro do mesmo território nacional, de fato, como é o caso do meu país, a Itália, os hábitos alimentares podem ser profundamente diferentes. Isto significa ter que combinar um serviço que é o mesmo em todo o mundo com a necessidade de adaptar a nossa estratégia a mercados completamente diferentes. Estamos, portanto, diante de uma contínua dicotomia entre a necessidade de transmitir a essência da marca e a necessidade de variá-la de acordo com os hábitos dentro do contexto em que ela opera... e isso é algo que só pode ser feito se você conhecer muito bem os hábitos locais. Locais também em termos de relações comerciais – na Itália, ao contrário de outros países, existem muito poucas cadeias de restaurantes e, portanto, a Deliveroo deve criar e gerir as relações locais numa base individual. A fragmentação é enorme e é necessário manter um equilíbrio realmente bom para não perder de vista o todo – e ainda se manter atento à cena local, que é o que sustenta o negócio.

Uma empresa como a Deliveroo pode usar três frentes: o preço que é oferecido através do nosso serviço; a seleção, ou a quantidade e qualidade dos restaurantes com os quais colaboramos; e o serviço que oferecemos. Sobre as duas primeiras frentes, qualquer um pode agir, porque os nossos concorrentes podem copiar tudo de nós. Sobre a terceira frente é muito difícil ter um impacto, pois ela representa o DNA da empresa. É por isso que tentamos não perder de vista a importância de prestar um excelente serviço aos nossos clientes: a taxa fixa para cada entrega em encomendas que são encaminhadas através do nosso aplicativo é uma garantia de qualidade. Se algo correr mal na gestão ou entrega da encomenda, os nossos operadores tentam resolver o problema o mais rapidamente possível, de modo a deixar o cliente com a memória de uma experiência positiva e gratificante. Naturalmente, o conceito de serviço é entendido na sua totalidade – não só para os clientes, mas também para os parceiros e pessoas que trabalham para nós.

CAPÍTULO SEIS

OS ITALIANOS SÃO MELHORES?

- Assuma o mercado global consciente da sua singularidade
- A importância das mídias sociais no mercado global

ESTE É UM MUNDO PEQUENO!

Quer você a ame ou deteste, a globalização é uma realidade. E quem quiser fazer negócios deve seguir as regras do jogo. É claro que você pode querer mudá-las, mas se apegar a elas e interpretá-las corretamente é essencial para ter sucesso.

Hoje não há mais fronteiras, em grande parte, graças à revolução digital na comunicação. E isto aplica-se não só às empresas diretamente ligadas à internet, que por definição não têm esses limites, mas também a todas as outras. Antes, por exemplo, as marcas de luxo precificavam o mesmo produto de forma diferente, dependendo de onde ele era vendido. Agora, no entanto, os consumidores já perceberam isso: em primeiro lugar, eles podem descobrir facilmente através de uma simples pesquisa na internet e, em segundo lugar, podem mover-se fisicamente de um país para outro com uma facilidade inimaginável até alguns anos atrás.

A globalização, em suma, destruiu as chamadas vantagens da nação: as barreiras de entrada ditadas pelos limites geográficos já não existem e, por isso, uma empresa deve, inevitavelmente, pensar globalmente desde o início. Aqueles que criam um negócio hoje devem levar em conta tudo o que pode ser encontrado no outro lado do mundo, pois, caso contrário, eles se colocarão em competição apenas com um pequeno número de outros players desde o início, quando, em vez disso, devem estar bem conscientes de que a arena é agora muito maior. E não faz sentido ficar atolado nos riscos de tal cenário: faz muito mais sentido, em vez disso, considerar as suas oportunidades. Claro que, a nível global, há mais concorrência e há muito mais jogadores que podem nos roubar um pedaço do mercado... mas nós podemos fazer o mesmo e roubar um pedaço do mercado do outro lado do mundo! Seria absurdo excluir tantas oportunidades logo no início. Além disso, a concorrência é tão feroz que muitas vezes só a ampla difusão de um negócio pode permitir a sua sobrevivência. Hoje há muitas empresas com um volume de negócios surpreendente, mas que ainda assim não têm margem de lucro, e elas têm de conquistar metade do mundo antes que possam se tornar verdadeiramente lucrativas. Este é o caso da Uber, mas também de uma empresa de distribuição de alimentos tão grande como a Deliveroo, que tem margens de lucro tão baixas que precisa estar presente em dezenas de cidades de todo o mundo para poder otimizar todas as economias de escala e ser verdadeiramente eficiente.

O fato de não haver mais fronteiras significa que a cultura está lentamente se tornando homogênea. O impacto negativo de tal realidade não me escapa, como a perda de muitos aspectos locais, mas também estou consciente da maior facilidade com que podemos, portanto, comunicar e compreender-nos uns aos outros. E isto, de um ponto de vista empresarial, é sem dúvida uma vantagem. Por exemplo, o fato de a cadeia americana Starbucks ter exportado a cultura do café para todo o mundo significa que aqueles que querem lançar uma nova marca, de qualidade superior à Starbucks, podem fazê-lo, sabendo agora que o valor de seu produto será melhor compreendido. Em resumo, se você conseguir encaixar seu próprio negócio nesta cultura global, se você pensar nele desde o início como algo que pode ser reconhecido e competitivo em nível internacional, as oportunidades de crescimento são infinitas.

PENSE GLOBALMENTE

Ao lançar um novo projeto você tem que começar sempre com a ideia de que ele pode chegar a todos os cantos do mundo, isso porque mudar de direção pela metade e adaptar sua ideia a um cenário global é muito mais complexo. Obviamente, há negócios que são regionais, mas em princípio este argumento é sempre válido, independentemente do que se faça: mesmo um negócio localizado por excelência, como um bar no centro de Milão, poderia tornar-se uma cadeia, abrindo mais pontos de venda na cidade... e depois, quem sabe, acabar por se tornar uma franquia global!

Esta filosofia tem guiado e ainda guia todas as minhas escolhas empreendedoras. Por exemplo, com a Foorban já estamos pensando em quais poderiam ser os próximos mercados depois de Milão, e nossa abordagem global está nos atraindo não para outras grandes cidades italianas, como Roma ou Turim, mas para grandes centros financeiros internacionais, como Frankfurt ou Munique. É mais complicado, mas certamente há muito mais oportunidades. O que nos guia na nossa escolha são considerações de natureza cultural (os consumidores das cidades financeiras estão mais habituados à ideia de levar o seu almoço para o escritório e comê-lo rapidamente, talvez até em frente ao computador), logística (a rapidez da entrega é essencial e numa cidade grande e caótica como Roma tudo seria muito mais difícil) e prática (os nossos clientes típicos são aqueles que trabalham no mundo dos negócios e, em outras cidades italianas, a concentração de empresas não é tão alta como em Milão ou, de fato, Frankfurt ou Munique).

Esta tem sido a nossa filosofia desde o início, e ela também está clara na nossa escolha de um nome não italiano. É verdade, quando se trata de comida, a cozinha italiana tem grande prestígio, mas nós queríamos uma interpretação mais moderna, internacional, para que quando nos expandíssemos para outros países e adaptássemos os nossos cardápios aos hábitos alimentares ali existentes, pudéssemos continuar a ser compreendidos.

O mesmo vale para o The Blonde Salad; mesmo nesse caso escolhemos um nome em inglês e começamos logo a produzir conteúdo em inglês. Pode parecer uma trivialidade, mas é uma trivialidade importante, porque desde o primeiro dia imaginamos que pessoas de todo o mundo teriam acesso ao nosso conteúdo. Não nos limitamos a pensar que apenas um mercado seria a nossa esfera de referência. A produção de conteúdo em inglês tem tido uma série de repercussões importantes, inclusive de natureza técnica, ligadas à indexação e visibilidade nos motores de busca. Não se tratava apenas de capturar leitores individuais e permitir-lhes ler o nosso conteúdo numa língua que pudessem compreender, mas também de fazer com que o nosso site fosse reconhecido de uma forma diferente para toda a estrutura da internet: de fato, o domínio é TheBlondeSalad.com e não TheBlondeSalad.it.

Pelo mesmo motivo, não visamos conteúdo editorial local porque não teria sido de interesse global. Em vez disso, optamos pelo conteúdo internacional, muitas vezes estadunidense, porque tem o maior apelo mundial.

Obviamente, uma perspectiva global não deve levar à negligência das características específicas dos mercados locais. O caso da Chiara Ferragni Collection é interessante porque mostra como um produto concebido para um mercado global pode ser adaptado às diferentes necessidades dos mercados nacionais. Por exemplo, o calçado para a Ásia é produzido com um salto mais baixo, já que as mulheres asiáticas geralmente têm pés menores e preferem não ultrapassar os seis centímetros de salto. Isto significa adaptar os modelos – e não é tão fácil como você poderia pensar: não só o salto deve ser mais baixo, mas a parte superior precisa ser mais curta também. Assim, o nosso produto tem sido global e transversal desde a sua concepção e, por isso mesmo, adaptável a todos os mercados do mundo.

O DIFERENTE É BONITO

A feroz concorrência que as empresas enfrentam hoje em dia só pode ser contornada através da diferenciação, que é o principal caminho para ganhar uma quota de mercado e afirmar-se. O guru do marketing Jack Trout resumiu este princípio na famosa fórmula "diferenciar-se ou morrer".

Quando criamos a Foorban, Marco, Stefano e eu mantivemos isso em mente, tentando imaginar algo completamente diferente do que o mercado italiano oferecia e criar um nicho que não existia. Depois de ter concebido a ideia inicial – ou seja, tentar fazer algo no campo da entrega de alimentos em Milão, que na nossa opinião ainda oferecia muitas oportunidades –, olhamos à nossa volta. Os players que já operavam neste setor eram todos muito grandes, muito arraigados e, acima de tudo, tinham um capital enorme. Por isso, não podíamos nem mesmo pensar em competir com eles ou imitá-los, em seu próprio quintal: os nossos recursos, insuficientes em comparação com os deles, nunca nos permitiram fazê-lo. A única forma de conseguirmos competir era tentar algo diferente.

Primeiro, identificamos o ponto fraco dos nossos concorrentes, que na nossa opinião era a entrega do almoço. Devido ao seu modelo de negócio – os clientes consultam a lista completa de restaurantes que entregam em seu endereço, escolhem entre os pratos oferecidos pelo restaurante que preferem, encomendam e esperam que o produto seja entregue, tudo através dos seus smartphones ou computadores – as escolhas para o cliente são muito complicadas e os prazos de entrega tornam-se mais longos. Na hora do almoço, as pessoas, que na maioria das vezes são trabalhadores com uma hora de almoço do escritório, estão geralmente com pressa e não querem complicar suas vidas, tendo que escolher entre menus infinitamente variados. Em resumo, para um almoço seria suficiente poder escolher entre alguns menus simples e lineares, oferecendo comida saudável, leve e boa. Entendemos que nosso produto devia refletir estes aspectos e se destacar, graças à sua rapidez e facilidade de uso, em comparação a outros players do mercado.

Naturalmente, foi necessário desenvolver uma abordagem completamente diferente também em termos de comunicação. Os recursos maiores das outras companhias lhes permitiram escolher uma abordagem agressiva (campanhas publicitárias generalizadas em transporte público e fachadas de edifícios cobertas com seus outdoors), fomos na direção oposta, com uma comunicação baseada apenas no boca a boca através das redes sociais. Entre outras coisas, nossos concorrentes não podem se comunicar focando no produto, porque eles entregam a comida preparada por muitos restaurantes diferentes e, portanto, se o cliente gosta de um bom prato entregue de um determinado restaurante, ele ou ela falará bem – com toda a razão – do restaurante, mas não necessariamente daqueles que o entregaram a eles. Nós fizemos o que os outros players não podem fazer: cozinhar bem e acelerar o máximo possível a entrega, criando um serviço absolutamente único num mercado como Milão.

E já há alguém que optou por nos copiar e por isso não está seguindo um caminho de singularidade. Mas isso não tem problema nenhum. Só porque já há alguém fazendo algo, não significa que não se possa fazê-lo também: o mercado, não importa o quão lotado esteja, é grande e há espaço. Você também pode tentar fazer algo que outros já estão fazendo, porém melhor do que eles. Em princípio, no entanto, a singularidade é a carta vencedora, especialmente quando você tem poucos recursos.

O verdadeiro italiano (mas sem um violão na mão)

Precisamente à luz da necessidade de se diferenciar de todos os outros, especialmente em um cenário global, a "italianidade" pode ser um aspecto importante. Na minha opinião, a globalização está nos recompensando: ela gerou a necessidade de encontrar algum selo de garantia, e a marca do Made in Italy é um valor reconhecido em toda parte. Infelizmente, porém, não creio que estejamos explorando o suficiente. Em alguns setores, a Itália é verdadeiramente sinônimo de qualidade: na moda, é claro (e o The Blonde Salad se beneficiou disso no início de sua aventura, porque ser italiano nos tornou mais legitimados aos olhos do mundo), na alimentação, obviamente, mas também em campos como o automotivo e a tecnologia, em suma, em tudo o que é design e produto.

Creio, no entanto, que não devemos cometer o erro de nos sentar e relaxar graças a esta consciência de pensamento, como infelizmente fizemos e ainda fazemos, que o simples fato de ser italiano é suficiente, ou que basta propor uma imagem estereotipada da italianidade ao resto do mundo. O nosso mercado interno é muito pequeno, quase ridiculamente minúsculo, e por isso é importante comunicar o nosso valor ao exterior, dizer ao mundo que a marca Made in Italy é sinônimo de modernidade, pesquisa, inovação, design e qualidade dos materiais. E então devemos trabalhar para deixar claro que o italiano não é apenas estilo, gosto ou *savoir-faire*, mas também profissionalismo: algo que muitas vezes nos falta aos olhos do mundo.

SIGAM-ME

Como eu disse, a globalização tornou a concorrência muito acirrada e, portanto, ser encontrado pelos clientes não é tão fácil. Ao mesmo tempo, porém, o advento das mídias sociais ofereceu a todos uma ferramenta barata para posicionar seu nome com um público potencialmente infinito, e não apenas em termos de informá-los sobre o lançamento de um novo produto, mas também em termos de entretê-los. Em resumo, eu acho que as redes sociais são uma ferramenta incrível. Para que a presença de uma empresa nas redes sociais seja eficaz, no entanto, é necessário compreender os seus mecanismos e saber como utilizá-los. Isto significa muitas coisas.

Em primeiro lugar, nunca devemos perder de vista o fato de que as redes sociais são precisamente isso, "redes sociais", isto é, constituídas por pessoas. Às vezes ofereço meus conselhos a empresas que estão dando seus primeiros passos nas redes sociais e elas ficam surpresas se, por exemplo, as três fotos que postaram de suas bolsas não são apreciadas por seus seguidores. Para mim, porém, não é nada surpreendente, pois sei que para que o conteúdo seja interessante, ele deve se referir à história pessoal de alguém. Esses meios globalizaram, de certa forma, o conceito do Big Brother, que talvez tenha sido seu precursor: na base desse mecanismo estava a ideia de que uma pessoa desconhecida poderia se tornar um meio de comunicação. Neste exemplo, no entanto, eles se tornaram o meio de comunicação através de um meio já existente, a televisão, e hoje é a tecnologia digital que oferece ao indivíduo essa possibilidade de se tornar um canal de divulgação.

E é precisamente sobre o poder das histórias das pessoas que este tipo de comunicação deve se concentrar, porque as pessoas decidiram que as histórias reais são mais interessantes do que as inventadas. Para isso, o Instagram é a melhor ferramenta. No Twitter você pode principalmente dar informação e cultivar relacionamentos com clientes; no Facebook você pode ter uma página que se torna representativa do mundo da empresa e que certamente ajuda a empresa a ser encontrada, enquanto o Instagram é perfeito para contar a história. E o consumidor de hoje espera que a empresa conte a sua história.

As redes sociais não são todas iguais e isso é um conceito que aqueles que criam a comunicação online devem ter em mente. Você precisa pensar o que quer dizer ao seu público, o que você quer dizer a todo o seu público-alvo. Mas então tem que comunicá-lo de uma maneira diferente, dependendo de qual das mídias sociais você está usando, porque cada uma delas é um mundo em si e tem suas próprias características específicas. Aplicando a isto o famoso conceito de "glocalização", pode-se dizer que a mensagem é global, mas a forma como é comunicada corresponde à lógica "local" de cada mídia social. Para dizer a mesma coisa no Instagram, Facebook e YouTube, você tem que usar idiomas diferentes... E basicamente é um pouco como traduzir a mesma mensagem para idiomas diferentes.

Se você não é capaz de contar uma história e entreter seu público, acho que é melhor não estar nas mídias sociais de forma alguma. Quando vejo negócios que têm trezentos seguidores no Instagram, penso que estão apenas dando uma imagem negativa de si mesmos.

DEIXE SUA MARCA

E então, é claro, você tem que ser capaz de se relacionar com seus clientes, espere críticas e aprenda a reagir adequadamente. Neste caso, na minha opinião, as regras éticas normais que se aplicam às discussões entre as pessoas também se aplicam aqui. Se alguém critica um produto de forma pretensiosa, insultando-o deliberadamente, não há necessidade de responder: há críticas que, como marca, não merecem atenção (para ser franco, diante de um insulto deliberado, eu não responderia nem mesmo a título pessoal). Se, por outro lado, a crítica é bem fundamentada, talvez porque o cliente tenha comprado um produto e esteja insatisfeito, é aconselhável responder publicamente oferecendo-se para substituir o produto defeituoso.

Neste caso, as redes sociais dão-lhe a oportunidade de mostrar a todos como funciona o seu serviço ao cliente. Você não deve ter medo de erros, muito menos de críticas: na minha opinião você tem que ter mais medo de não ser capaz de lidar com um erro. Ao mesmo tempo, porém, é importante defender o que se faz, e não nos curvarmos perante todos os tipos de críticas em nome da lógica que diz que o cliente tem sempre razão: você deve bancar as suas decisões.

Eu tenho usado as redes sociais para fazer negócios (e não apenas isso) por muitos anos e entendi que, tanto como um indivíduo quanto como empresa, precisamos tentar compreender a quem devemos e não devemos dar ouvidos. O ódio que se desencadeia nas mídias sociais é o verso da moeda em relação às imensas oportunidades que elas oferecem. No início da aventura com o The Blonde Salad, eu não dormia à noite. Estávamos inovando, criando algo novo no setor delicado que é a moda... e, além disso, estávamos colocando a nossa cara nesse projeto. É difícil imaginar duas pessoas que poderiam ser mais criticáveis por aqueles que quisessem fazê-lo! Nos primeiros momentos tentei discutir e raciocinar com os detratores que nos atacavam com tanta agressividade. Então percebi que não valia a pena desperdiçar tempo e energia em algo que não serve para nada. Nem todos vão gostar de mim e eu não quero convencer a todos: e está tudo bem assim. Quando você se expõe, precisa estar ciente de que vai encontrar hostilidade em alguém. Faz parte do jogo e você tem que aceitá-lo.

Esta é apenas uma das muitas imperfeições relacionadas ao mundo das redes sociais e os problemas e desafios que o seu uso apresenta. Mas isto não diminui o seu poder, utilidade ou beleza; cabe a nós aprender a usá-las.

EMANUELA PRANDELLI Professora de marketing na Escola de Gestão SDA Bocconi e diretora do Mestrado em Moda, Experiência e Gestão de Design (MAFED)

O posicionamento de um produto ou marca dentro do mercado de referência é uma das decisões estratégicas mais importantes e delicadas que uma empresa tem que tomar, uma vez que é um motor fundamental da sua vantagem competitiva.

Lidar com a concorrência depende da capacidade de se posicionar clara e distintamente nas percepções dos clientes que serão abordados como prioridade, criando elementos marcantes em suas mentalidades. Esses elementos devem se basear, cada vez mais, não só num produto de qualidade superior, mas também num serviço impecável e num componente experiencial, que está se tornando cada vez mais importante em termos de orientação das escolhas dos consumidores - que são progressivamente sofisticados. Isto implica, em primeiro lugar, numa capacidade cirúrgica de segmentar o mercado - baseada em informações cada vez mais ricas e articuladas que contribuem na alimentação do fascinante ecossistema dos muitos dados que as empresas de hoje têm acesso, pela primeira vez na história - e uma capacidade ainda mais importante de identificar seu público-alvo, que deve orientar cada decisão e ação operacional para criar e consolidar uma imagem coerente que possa representar um ativo fundamental para a empresa. Isto pode significar uma renúncia ocasional de oportunidades de lucro a curto prazo, a fim de não comprometer a integridade do projeto e manter a identidade a longo prazo aos olhos do segmento de mercado que se pretende atingir, empreendendo com grande consciência qualquer estratégia de extensão de marca para evitar qualquer forma de canibalização ou, em qualquer caso, diluição da marca original na percepção dos principais clientes.

Em outras palavras, sem uma identificação precisa do público-alvo, no começo do empreendimento, existe o risco dele ser percebido como uma esquizofrenia mais tarde, com a consequência muito tangível de desorientar, ou mesmo antagonizar, a demanda e comprometer a própria sustentabilidade do negócio. E se isto é verdade para qualquer empresa de qualquer setor, é ainda mais relevante no mundo da moda e do luxo, onde a imagem é crucial para definir o DNA da marca e criar motivações sólidas de preferências, em um contexto onde o consumo é por definição simbólico e o valor da marca está indissoluvelmente ligado à autenticidade e exclusividade que ela é capaz de transmitir.

CAPÍTULO SETE

OS NÃOS (E SINS) QUE TE AJUDAM A CRESCER

- A importância do posicionamento e da lealdade
- Saber dizer não – e às vezes sim – para construir a sua própria marca

VOCÊ VAI CONTINUAR DEIXANDO-SE SER ESCOLHIDO OU PASSARÁ A FAZER A ESCOLHA?

Que a vida, mesmo a vida profissional, está repleta de escolhas contínuas é uma realidade que todos nós experimentamos. Fundar algumas empresas e geri-las nas fases iniciais das suas vidas me ensinou que as escolhas feitas neste período são essenciais para o posicionamento de uma empresa e para a construção da credibilidade da sua marca. Isto significa avaliar bem suas parcerias, estudar seus movimentos com muito cuidado e também aprender a dizer não.

Tive essa experiência em 2010, alguns meses após o nascimento do blog. Chiara tinha sido convidada para comentar os desfiles de moda em um famoso programa de televisão italiano, durante a Semana de Moda de Milão. Nos perguntaram então se ela estaria disponível para se tornar uma convidada regular do programa, como comentarista. A proposta era tentadora: sabíamos que isso a tornaria muito popular e imaginávamos que também ganharíamos algo com isso, o que era francamente inesperado naquela época. Estávamos apenas começando, parecia quase uma loucura recusar. A participação num programa de televisão de importância nacional teria dado ao The Blonde Salad uma visibilidade que teria sido impossível de conseguir de outra forma naquela altura.

Pensando nisso, porém, percebemos que tal escolha seria contraproducente para o que tínhamos em mente a longo prazo. O que nós queríamos, de fato, era fazer parte do mundo da moda, não do show business, e tínhamos certeza de que o ambiente da moda europeia, que tende a ser esnobe e bastante fechado, já teria dificuldades para aceitar uma blogueira como Chiara, e ainda mais se o seu currículo incluísse também a televisão. Claro, os "nãos" são caros. Esse, e muitos outros. E quando você se vê dizendo, é muito difícil. Em retrospectiva, ou vendo de fora, parece sempre fácil, mas naquela altura tínhamos medo.

Nesse sentido, admiro muito aqueles que têm a coragem de perseguir seus sonhos até o fim e dizer todos os "nãos" (inclusive aos ganhos imediatos) que isso implica. Acho que o fiz, talvez só em parte, porque ainda não sabia realmente qual era "o" sonho da minha vida. Quando me comparo a artistas, atletas, pessoas que identificaram seu sonho e decidiram persegui-lo e agarrá-lo sem se preocuparem com ganhos imediatos, sinto um grande respeito por eles, porque resistir ao deslumbre, ou a ser desviado pela primeira oportunidade, pensando que será a última, é muito difícil. Mas você tem que estar ciente de que, se você está aberto a acolhê-las, há sempre oportunidades na vida.

É por isso que não considero o The Blonde Salad "a" oportunidade da minha vida. Eu certamente tive sorte e visão: a oportunidade passou na minha vida, eu a agarrei e comecei a construir algo, um tijolo de cada vez. Mas se nos agarrarmos sempre à curiosidade e à abertura de espírito necessária para entender como o mundo muda e para onde vai, é impossível não ver e aproveitar uma oportunidade atrás da outra.

É claro que esta consciência provém da experiência. Voltando a esse "não", tenho de admitir que, retrospectivamente, é mais fácil dizer que tínhamos razão em renunciar à visibilidade e ao dinheiro que teríamos ganhado. Naquele momento, estávamos com muito medo. Pensamos sobre isso durante duas semanas, dia e noite. O medo também veio do fato de que tínhamos receio de irritar alguém num ambiente sobre o qual nada sabíamos e não tínhamos ideia do seu *modus operandi*.

Na realidade, porém, no fundo de nós mesmos, sabíamos que era a decisão certa: não nos sentíamos prontos para fazer algo assim e sabíamos que isso não nos levaria aonde queríamos ir. Foi a paixão e a sensibilidade com o mundo da moda que nos guiaram e nos fizeram compreender qual era o caminho a seguir.

Qualquer pessoa que inicia seu projeto em qualquer campo deve imaginar, e quase esperar, que entre as milhares de oportunidades que se apresentam, tais situações ocorram, primeiro porque é melhor ter muitas oportunidades para escolher do que ter que se resignar a seguir um caminho que já foi percorrido, e segundo porque, apesar de todo o esforço envolvido, estes são os momentos que fazem você se concentrar em quem você é e em quem você quer se tornar.

TORNAR-SE DESEJÁVEL

O mundo da moda, em particular o mercado de luxo, é o que melhor conheço e com o qual aprendi muitas coisas, especialmente no que diz respeito a saber dizer não. Este é um setor que tem uma dinâmica completamente diferente de todas as outras indústrias: é o único no mundo onde quanto menos você vende, mais legal você é. Para manter o valor de uma marca alto no mercado de luxo, é necessário preservá-la, mantê-la como ponto de referência para um grupo específico de pessoas, fora do alcance das massas.

As empresas do setor de luxo – que no final das contas precisam ganhar dinheiro, como todas as outras – usam os cosméticos como verdadeiros produtos de entrada. No entanto, eles não lidam diretamente com cosméticos, mas confiam sua produção a empresas terceirizadas, que depois distribuem os produtos por outros canais, não nas lojas de bandeira da marca, e os divulgam de uma maneira diferente. Ao se distanciar o máximo possível da comunicação e distribuição de seus cosméticos, a empresa mantém a marca limpa, mas ao mesmo tempo ganha dinheiro. Para o consumidor, porém, comprar um creme, batom ou perfume é uma forma de entrar no mercado de luxo sem gastar as impossíveis somas necessárias para roupas ou acessórios. Afinal, estes últimos são comprados não pelo seu conforto, utilidade ou eficiência, mas porque permitem ao comprador entrar num mundo de valores e reconhecimento ao qual quer pertencer. E para que isso aconteça, o acesso a este mundo deve ser restrito a um número limitado de pessoas. É por isso que as marcas de luxo não disponibilizam quantidades ilimitadas dos seus produtos de entrada mais acessíveis, tais como capas para smartphones. Se todos pudessem ter essas capinhas, o seu apelo diminuiria e, consequentemente, o dos produtos mais caros da mesma marca também diminuiria.

A Chiara Ferragni Collection se enquadra nestas dinâmicas e nos deparamos com estes mesmo comportamentos no início. Depois de vender muitos sapatos planos brilhantes com o símbolo do olho piscando, que eram o produto mais icônico e reconhecível da nossa primeira coleção, vimos o interesse por eles diminuir. A razão foi que muitas pessoas os tinham comprado e eles já não se distinguiam: possuir os itens já não transmitia mais uma sensação de singularidade. Às nossas custas aprendemos um mecanismo clássico do mercado de luxo (e não só dele!): para manter vivo o desejo, você tem que ser capaz de negar a si mesmo.

Há muitas maneiras pelas quais as marcas de moda implementam esta estratégia e tentam criar desejo para os seus produtos: desde uma escolha cuidadosa dos preços com base no público-alvo que se pretende atingir, até não os disponibilizar a todas as pessoas que os querem.

Obviamente, estas dinâmicas não se aplicam a todos os setores, mesmo que o conceito de desejo seja uma ferramenta na qual se baseia a venda de qualquer produto ou serviço. É por isso que, antes de se lançar num mercado sobre o qual se sabe pouco ou no qual nunca se operou, é tão importante estudar em profundidade os seus mecanismos e *modus operandi* que, hoje mais do que nunca, podem mudar muito rapidamente e que muitas vezes também têm características contraintuitivas. Continuar a fazer o que sempre foi feito como sempre foi feito, ou lançar-se num empreendimento orientado apenas por uma ideia romântica ou por noções que são legado de outras gerações, sem ancorar tudo isto a uma análise muito concreta e realista da paisagem em que se move, pode ser a forma mais rápida de queimar a sua paixão (e o seu investimento) no fogo da dura realidade.

UMA SUPREMACIA ESMAGADORA

Neste momento, a marca de *streetwear,* Supreme, de Nova York é mais bem-sucedida do que qualquer outra na criação de desejo, tendo se tornado um objeto de culto como poucos outros conseguiram. Nascida como uma loja para skatistas, a Supreme se tornou conhecida nos últimos anos por meio de uma ampla estratégia de marketing baseada essencialmente em sua onipresença no Instagram. O que torna a Supreme tão legal é que é muito difícil encontrar seus produtos em qualquer lugar. Isto porque são produzidos apenas alguns deles, que são vendidos somente online e nas onze lojas oficiais da marca. Ao contrário das marcas de roupa normais, a Supreme não está sujeita às estações do ano, mas a cada quinze dias lança coleções cápsulas que invariavelmente se esgotam poucos minutos após serem postas à venda. Os preços não são elevados, alinhado com o fato de ser uma marca de *streetwear*, mas a escassa disponibilidade dos artigos originais alimenta o mecanismo de revenda, então há quem esteja disposto a pagar até dez ou vinte vezes o preço original por estes artigos. Porque se você pode transformar seus produtos em objetos de culto, colecionáveis, não há limite para o preço que eles podem atrair.

A Supreme é atualmente um dos estudos de caso mais significativos do mundo, precisamente porque conseguiu criar um poder incrível em torno da sua marca. Diante disso, fica claro por que uma nobre empresa de luxo como a Louis Vuitton firmou uma parceria com a Supreme. E é realmente incrível que uma casa de moda com a história e fama da Louis

Vuitton tenha escolhido combinar a sua marca com a de uma empresa de moda urbana para ficar ainda mais legal. Este negócio é considerado um dos melhores sucessos de gestão dos últimos anos - obviamente pela Vuitton, não pela Supreme, que já era um sucesso em si mesma –, porque conseguiu criar desejo em torno de uma marca histórica, fazendo com que até os consumidores mais jovens e os novos ricos de todo o mundo queiram comprar produtos com um logotipo que até há alguns anos atrás estava associado a uma elegância clássica. O fato de uma empresa estruturada e antiga como a Louis Vuitton, com um legado tão importante, ter tido a coragem de fazer tal coisa, é definitivamente para ser admirado.

É especialmente importante para as empresas de moda que a marca seja percebida como particularmente *cool* pelo mercado, ainda mais para as empresas de luxo, porque quando se paga pelo valor da marca e não pelo do objeto em si, a primeiro deve ser vista como sendo muito exclusiva. Este mecanismo, porém, não é válido apenas para quem faz roupas ou acessórios, ele também pode ser aplicado em outros contextos. Se você quer lançar um local ou um hotel, ou oferecer um serviço, não importa: manter essas dinâmicas em mente ao decidir se deve ou não aplicá-las é muito importante e pode ajudar a todos. Obviamente, quem inventa algo que não estava lá antes e que é necessário para todos não teria que criar essa vontade, pois ela viria naturalmente. No entanto, dado que é cada vez mais difícil fazer tal coisa e que praticamente tudo o que se inventa é simplesmente uma melhoria ou uma reinterpretação de algo que já existe, pensar em adotar estas estratégias é certamente uma possibilidade.

Se você for por este caminho, precisa ser ainda mais paciente e não esperar ver os resultados iniciais em um curto espaço de tempo. O desejo não pode ser criado da noite para o dia. Significa ser capaz de plantar uma vontade na mente das pessoas, para que, por mil razões, elas venham a desejar um produto; ou porque viram um influenciador usá-lo, porque descobriram que havia um evento exclusivo no qual era difícil entrar, porque não conseguiram agarrar o produto – pois haviam muito poucos –, porque custou muito caro e por isso só algumas pessoas conseguiram comprar ou porque se estabeleceu uma parceria com uma marca muito legal e por isso, na mente do consumidor, as duas marcas ficaram ligadas.

Mas leva muito tempo para fazer tudo isso... a menos que você tenha grandes recursos à sua disposição antes de lançar o produto, e mesmo assim, será sempre uma aposta. Porque no mercado, como na vida, nada é certo.

O PRESTÍGIO DA MARCA

A ideia de fazer da própria marca um sinônimo de desejo e exclusividade está se espalhando por muitos outros setores, desde o automobilístico ao tecnológico. É o caminho que uma rede social como a aSmallWorld também percorreu, que se concentra em viagens e estilo de vida e se caracteriza por um sistema de acesso exclusivo baseado no convite de um membro existente e sujeito à aprovação de certos usuários. Contudo, após algum sucesso inicial, a aSmallWorld tem sofrido um grande declínio, especialmente desde a introdução de uma taxa anual de adesão em 2013. Isso tornou a adesão à comunidade muito menos legal, porque você só precisava pagar para fazer parte dela.

Mantivemos este mecanismo em mente durante o lançamento da Foorban. Desde o primeiro momento entendemos que teríamos que apontar nosso serviço de entrega de alimentos para um público-alvo bastante elevado, porque nossas análises nos mostraram claramente que nunca seríamos capazes de vender nossos pratos abaixo de um determinado preço, mas para crescer precisávamos construir uma clientela fiel que estivesse disposta a gastar esses valores pelo menos quinze vezes ao mês. Entendemos que para atingir esse público-alvo era vital gerar boca a boca, fazendo com que aqueles profissionais que seriam as melhores testemunhas da qualidade dos nossos produtos experimentassem os nossos pratos. Criar desejo com ferramentas como o boca a boca e a referência, como eu disse, leva mais tempo, mas o resultado foi o que esperávamos.

Os produtos da seção de comércio eletrônico do The Blonde Salad respondem à mesma filosofia, pois a maioria deles são roupas e acessórios que compõem pequenas coleções cápsulas. Por exemplo, de vez em quando, são propostos tênis da marca Superga, que são o resultado de uma colaboração entre a equipe de criação da TBS e os da empresa em questão, e são sempre uma edição limitada. O lançamento é acompanhado por um editorial no site e postagens em várias mídias sociais. O mesmo acontece com os bodies feitos pela Yamamay: neste caso, são vendidos três designs exclusivamente no The Blonde Salad e outros três nas lojas da marca. A escolha que fizemos foi de trabalhar em produtos exclusivos que só eram encontrados no site, apenas para criar singularidade e desejabilidade.

O APOCALIPSE DO VAREJO

Este sistema já está muito difundido, e penso que se tornará ainda mais, em parte como resposta à crise do comércio gerada pela propagação do comércio eletrônico e, em geral, às grandes mudanças que afetaram o mundo da moda nos últimos anos. As lojas físicas não são mais o único canal de vendas disponível, pois há uma infinidade de sites - desde o próprio site da empresa até as grandes lojas de moda online - que vendem os mesmos produtos.

Empresas com uma marca de enorme valor, como a já mencionada Louis Vuitton, mas também Chanel, Gucci e Prada, para citar apenas algumas, podem tirar proveito e tornar suas lojas verdadeiras "embaixadas"; quando o cliente entra em uma Chanel, deve se sentir como se estivesse no país Chanel. Deste ponto de vista, a loja torna-se uma arma de marketing; se a compra é feita lá ou algumas horas mais tarde em casa, online, é irrelevante nesse momento. É por isso que num futuro próximo estas grandes empresas de luxo vão racionalizar as suas lojas, fechando muitas e mantendo apenas as chamadas *flagship stores*, onde você entra apenas para viver uma experiência, para descobrir algo novo, para se apaixonar pelo mundo daquela marca. Que a integração total de online e offline é o futuro do mundo da moda, do ponto de vista da distribuição, é um fato incontornável. No entanto, o mercado de massa é diferente, porque produtos de baixo custo, como os da Zara, implicam uma compra muito mais impulsiva, então quanto mais lojas o cliente encontrar à sua volta, nas ruas da cidade, maior será a probabilidade de fazer uma compra.

No entanto, como consumidores, sabemos muito bem o quanto o comércio eletrônico conseguiu, em apenas alguns anos, transformar radicalmente os nossos hábitos, tanto que agora qualquer compra - de livros a cosméticos, de eletrônicos a alimentos -, mesmo quando feita em uma loja física, é muitas vezes precedida por uma pesquisa online para comparar preços, estudar as características e ler as opiniões sobre um produto. E o oposto também é verdade: talvez primeiro você vá à loja para ver o item em si e depois você caça a oferta mais vantajosa online. Portanto, qualquer pessoa que queira vender qualquer coisa pode, e de fato tem que, pensar muito livremente sobre como integrar a oferta e a recepção do cliente entre o ponto de venda e o site de comércio eletrônico, tendo em conta tudo isto.

Voltando às marcas de moda de luxo, e pondo de lado o discurso das lojas conceito, imagino que no futuro haverá apenas algumas lojas multimarcas no mundo, mas elas terão um estilo muito reconhecível. E, tal como a loja online do The Blonde Salad, com as suas coleções cápsulas, só venderão produtos que as marcas que distribuem produzem *ad hoc* para eles. Caso contrário, qual seria a vantagem de ir às compras numa tal loja se eu pudesse fazê-las no site da marca em questão e tivesse muito mais opções e, em alguns casos, preços mais baixos?

O QUE NOS ESPERA AO FINAL DA PASSARELA

Este tema está profundamente ligado a outra grande transformação no sistema da moda que tem a sua origem na comunicação. Anteriormente tudo era muito esquemático: em setembro era organizado um desfile de moda no qual participavam apenas jornalistas e compradores, e, depois de ver a coleção, estes últimos faziam as suas encomendas. Os artigos apresentados nos desfiles de moda eram produzidos e enviados para as lojas em janeiro do ano seguinte. Enquanto isso, jornalistas escreviam suas matérias, entrevistavam o designer sobre a coleção e preparavam os editoriais. Depois, entre dezembro e janeiro, esses artigos eram enviados à imprensa, estimulando a curiosidade de possíveis compradores que poderiam então começar a comprar, encontrando nas lojas o que havia sido mostrado na passarela meses antes.

Agora este sistema mudou: além dos jornalistas, há também blogueiros de moda e celebridades nos desfiles que fotografam as modelos e as postam imediatamente nas mídias sociais. Os potenciais compradores podem ver em tempo real itens que ainda não foram – e na verdade não poderiam ter sido – produzidos porque, especialmente no caso da alta costura, o tempo de criação é bastante longo. É também essencial receber feedback dos compradores para começar a produzir e, portanto, evitar desperdícios. Mas hoje o tempo entre o desfile das peças de vestuário na passarela e o momento em que o público tem conhecimento delas já passou a zero: os consumidores não querem mais esperar três meses para obterem o que viram de antemão, graças aos blogueiros.

As empresas têm respondido de várias maneiras. Há quem tenha implementado a estratégia *see now, buy now*, oferecendo a possibilidade de comprar pelo menos algumas das peças de vestuário e acessórios apenas algumas horas após terem sido apresentados na exposição, seja online ou em boutiques da marca; há quem tenha reduzido os prazos de entrega para um ou dois meses; e há quem produza tudo com antecedência, assumindo os riscos associados, para que os clientes possam fazer as suas compras imediatamente. Em cada caso, isso funciona contra os grandes compradores: convidando-os para o desfile de moda, mas depois minando-os ao começar a vender esses mesmos artigos no mesmo dia.

Obviamente a fast fashion também tem uma mão neste fenômeno, porque as empresas deste setor têm uma cadeia de produção de duas semanas e assim, depois de terem visto um modelo num desfile de moda, podem copiá-lo, reproduzi-lo e vendê-lo em muito pouco tempo, a uma velocidade com a qual ninguém pode competir. É claro que a qualidade não é a mesma, mas hoje em dia o comprador muitas vezes dá mais valor ao estilo, à beleza de uma peça de roupa, do que à qualidade dos materiais ou ao cuidado com que ela foi produzida.

São transformações muito rápidas e profundas que em apenas alguns anos começaram a demolir sistemas consolidados, com muitos interesses em jogo. Como em tudo o que está relacionado com os tempos tumultuosos em que vivemos, é difícil prever o que vai acontecer e quando. Arrisco a hipótese de que no futuro os desfiles de moda não estarão mais concentrados em um determinado período, mas cada marca irá promover um quando e onde quiser, pois eles se tornarão simples momentos de comunicação.

ABRAÇANDO A MUDANÇA

Esta reflexão sobre a velocidade da mudança que caracteriza o nosso tempo me dá a oportunidade de ilustrar outro conceito bastante importante. Se é verdade que os "nãos" são fundamentais e o ajudam a se posicionar, também é verdade que você deve ter a coragem de dizer sim quando necessário. Por exemplo, isto pode significar saber como se recriar, explorando continuamente as ferramentas disponíveis.

Quando começamos o The Blonde Salad, o Instagram não existia. O aplicativo foi lançado em 2010 e, desde então, esta rede social tem visto um crescimento sem freio, ultrapassando oitocentos milhões de usuários ativos por mês em todo o mundo até o final de 2017. Entre outras coisas, o nascimento e crescimento do Instagram fez com que muitas pessoas ao redor do mundo entendessem o que já havíamos adivinhado quando criamos o blog: quando se trata de moda, os usuários querem conteúdo de um certo tipo, não necessariamente produzido por profissionais, mas sim por pessoas normais que mostram seus looks. Quando isso aconteceu, percebemos que não podíamos ignorá-los e continuar a oferecer esse tipo de conteúdo em nosso site. Decidimos mudar tudo para o Instagram e produzir algo completamente diferente para o The Blonde Salad, utilizando recursos *ad hoc*. As fotos publicadas por um influenciador no Instagram não são as mesmas que as de alguém com perfil privado, pois, embora seja verdade que em alguns casos as imagens são criadas espontaneamente, em outros são o resultado de um trabalho preciso, tal como as fotos de uma revista brilhante.

Com esse "sim" à mudança, uma oportunidade completamente nova se abriu para nós, uma oportunidade que até então não tínhamos sequer considerado, nomeadamente a de criar uma revista online. Obviamente, mesmo quando se faz algo assim, é essencial não mudar o seu DNA e, por isso, quando o The Blonde Salad se tornou uma revista, ele permaneceu muito apegado à imagem e à vida de Chiara Ferragni. Se, por exemplo, ela estivesse vestida de rosa, a revista mostraria a todos os looks temáticos mais bonitos da semana. O objetivo era permanecer sempre coerente com a nossa história e caráter, explorando ao mesmo tempo as ferramentas e inovações tecnológicas que se apresentavam a nós.

Toda mudança de estratégia envolve um "sim", dito em voz alta, com total convicção, mesmo sabendo que é sempre um jogo que requer uma boa dose de instinto, mas também a vontade de se envolver e de assumir riscos nos canais e com ferramentas que, por sua novidade, não são testadas e não oferecem garantias. E, mesmo quando se utilizam instrumentos mais tradicionais, é preciso ter em mente que mudar de estratégia no meio do caminho pode significar ter de utilizar recursos que não tinha planejado.

Por exemplo, no período que antecedeu o lançamento da Foorban, não tínhamos sequer pensado em criar um site a partir do qual encomendar. Haveria apenas o aplicativo para encomenda. Mas depois de três meses no mercado, percebemos que muitas vezes os empresários – que são o nosso público-alvo – precisavam de um almoço encomendado pelos seus secretários e que estes últimos preferiam, por muitas razões – pessoais, ou mesmo apenas por conveniência – fazer o pedido através do website em vez de encomendar a partir do seu smartphone.

Isto envolveu um enorme investimento imprevisto, com o desenvolvimento de um site próprio para o qual você tem que se inscrever e que está sincronizado com a base de dados do aplicativo... Algo não tão simples, mas absolutamente necessário.

CAPÍTULO OITO

CONTE UMA HISTÓRIA E DESEMBUCHE

- *Use as redes sociais para aumentar o reconhecimento do seu negócio*
- *A importância do branding pessoal*

ESTAR OU NÃO ESTAR PRESENTE?

"Se hoje você não está nas redes sociais, você não existe!"

Esta frase é tão banal e é repetida tantas vezes que, quando a escuto, tem o mesmo efeito que quando escuto: "Na moda, as estações intermediárias não existem mais."

Brincadeira à parte, é óbvio que, como todos os clichês, ela também contém uma verdade inegável. E na realidade, como disse, também estou convencido de que as redes sociais são uma ferramenta extraordinariamente eficaz e muito mais barata do que as tradicionais para se fazer conhecer por um público potencialmente infinito. Mas, como todos os clichês, é também uma banalização de um conceito muito mais complexo e, portanto, corre o risco de aplanar uma realidade cheia de luz e sombras, criando falsas ilusões e talvez até gerando frustração naqueles que pensam que as redes sociais são um canal de marketing rápido e fácil de gerir e depois se veem lidando com resultados que não correspondem às suas expectativas. Novamente, as coisas não são tão simples quanto parecem e, antes de entrar no mundo mágico das mídias sociais, você deve entender os mecanismos e as regras.

O primeiro mito a ser desmistificado é que as redes sociais são uma ferramenta inevitável para o crescimento de todo tipo de negócio. Porque, embora possa ser verdade que elas sejam fundamentais quando o produto ou serviço que queremos vender é dirigido ao que na linguagem corporativa chamamos de consumidor, quando o público-alvo são outras empresas, então o produto ou serviço é o próprio negócio, e a utilidade das mídias sociais é quase inexistente. Neste caso, é muito melhor usar ferramentas tradicionais para se fazer conhecer, desde feiras (e sim, sei que essa palavra te faz pensar em uma realidade poeirenta que definitivamente não é *inteligente* e inovadora, mas hoje as feiras são muitas vezes eventos grandes e verdadeiras convenções) à mala direta ou LinkedIn, mas com um foco muito específico nas empresas e que, graças às newsletters e campanhas de marketing via e-mail, podem realmente ser uma ferramenta valiosa para se fazer conhecer. Neste caso, estar no Facebook, Instagram ou Twitter é completamente inútil.

As coisas são muito diferentes para aqueles que promovem o negócio aos consumidores finais: neste caso, as redes sociais ajudam a alcançar um número muito elevado de clientes potenciais, com investimentos mais baixos, do que as ferramentas tradicionais. Estes investimentos, no entanto, devem ser bem pensados e não devem ser vistos apenas em termos de compra de publicidade. Muitas pessoas ainda cometem esse erro e não pensam em como é importante criar conteúdo eficaz. Comprar espaço publicitário num jornal custa mais e alcança menos pessoas do que uma publicação numa rede social, mas quem decide comprá-lo sabe perfeitamente que tem de garantir a qualidade do conteúdo que será publicado e da fotografia que o acompanhará. Por que isto também não é normal quando se trata de redes sociais?

Se queremos ser eficazes, se realmente queremos chegar às pessoas, devemos nos esforçar para criar conteúdo que combine com o que pretendemos dizer aos nossos seguidores, a fim de atraí-los. Se criarmos conteúdos ruins, será muito mais difícil de sermos ouvidos. Aqueles que utilizam as redes sociais a nível profissional não se podem dar ao luxo de ter nada menos do que um padrão de qualidade muito elevado em todos os momentos. Tendo iniciado minha carreira com o The Blonde Salad, que é uma empresa de mídia, tudo isso sempre foi muito óbvio para mim. É claro que, no nosso caso, o conteúdo e entretenimento do público era o nosso negócio principal e, portanto, o aspecto mais importante do trabalho, e não apenas uma ferramenta promocional. Mas eu não esqueci a lição que aprendi, sobre a importância de criar conteúdo eficaz. Na verdade, com a Foorban, eu e meus parceiros concordamos desde o início que a comunicação em mídia social deveria ser uma parte crucial do projeto e é por isso que dedicamos muito tempo e recursos a ela. Entendemos como era importante apresentar, aos nossos potenciais clientes, fotografias esteticamente agradáveis, capazes de comunicar a genuinidade e qualidade do produto mesmo àqueles que, estando do outro lado da tela, não conseguissem, infelizmente, sentir seu aroma. É por isso que desde o início colaboramos com fotógrafos talentosos e designers profissionais de alimentos. É verdade que fotos de comida, juntamente com as de gatinhos, são normalmente as que recebem mais curtidas nas redes sociais, mas isso não nos impede de insistir que as dos nossos pratos também sejam bonitas!

NÃO FIQUE PERDIDO NA TRADUÇÃO

Tudo isto hoje é – ou deveria ser – claro para todas as empresas, independentemente do seu tamanho. Na verdade, existem grandes empresas que, graças a maiores oportunidades de investimento, contratam diretores editoriais adequados para supervisionar a criação de todo o conteúdo que precisam. Não é raro as grandes empresas, especialmente no mundo da moda e de estilo de vida, contratarem pessoas que possam garantir a direção editorial na comunicação da marca. Por exemplo, é bem possível que uma marca de roupa masculina contrate o antigo editor de uma revista com o mesmo público-alvo para gerir a criação de conteúdos que irão para vários canais sociais, boletins e o site, que já não pode ser um simples catálogo, mas que deve apresentar um verdadeiro conteúdo editorial.

Uma visão unificada é necessária porque, como eu disse, ter diferentes canais de comunicação significa ter que dominar diferentes dinâmicas de comunicação. É uma nova proposta do famoso princípio *pensar globalmente, agir localmente*, embora neste caso se aplique não às diferentes áreas geográficas, mas aos diferentes canais de comunicação. O chefe de redação deve transmitir à sua equipe uma visão unificada, que depois é interpretada de diferentes maneiras, dependendo do canal utilizado, como se fosse uma tradução da mesma mensagem para diferentes línguas. Naturalmente, para quem vende alguma coisa, o objetivo final é sempre vender, mas, dadas as diferentes ferramentas, é possível desenvolver táticas diferentes. É óbvio que não posso colocar o mesmo conteúdo no YouTube, Twitter e Instagram! Se, por exemplo, eu vender bananas, para o YouTube teria que criar um vídeo cativante, completo com tutoriais, sobre como preparar um smoothie. Para o Instagram eu deveria ter uma boa foto, pois a estética e a fotografia são o ponto focal desta rede social. No Twitter, em vez disso, eu poderia postar o link para um artigo que explica como a ingestão de potássio das bananas tem grandes benefícios para a saúde... Em suma, a questão é poder traduzir na língua de cada canal a mensagem que quero transmitir, ou seja, que comer bananas é bom para você.

EM ALGUNS CASOS OS NÚMEROS NÃO CONTAM

Outro erro muito comum é acreditar que os números são tudo. O objetivo, em vez disso, não é (apenas) conquistar um grande número de fãs ou seguidores, mas acima de tudo, envolver o seu público e construir fortes laços entre ele e a sua marca. Construir sua própria comunidade online é essencial, assim como mantê-la ativa e envolvida. Se você puder fazer isso, irá ter à sua disposição não só um exército de clientes potenciais, mas também verdadeiros embaixadores da marca que amam o seu produto e falarão sobre ele nas suas redes com o mesmo zelo e paixão que possam ter por uma causa que lhes é particularmente importante. Estou convencido de que cada pessoa em suas redes é uma influenciadora, independentemente do número de seguidores que tenha. E as redes sociais, que nos dão a oportunidade de envolver as pessoas, de trabalhar em rede, aproveitando o poder de cada um para influenciar os outros, são, neste sentido, uma arma muito poderosa. Eu sempre digo que a verdadeira força das startups – e também das empresas maiores, é claro – está nas pessoas, e acredito que essa lógica pode e deve ser transferida para o mundo das redes sociais.

USE O QUE VOCÊ TEM

Uma empresa consolidada tem a possibilidade e os recursos para gerir os vários canais sociais e – espera-se – a consciência de que cada canal tem a sua própria linguagem e regras, e que por isso não faz sentido ter vários perfis idênticos, todos oferecendo o mesmo conteúdo. Mas sabemos muito bem que, quando um projeto está na sua fase inicial, os recursos são escassos e, portanto, é impossível imaginar a contratação de pessoas especializadas que possam lidar com estes aspectos da comunicação com todo o cuidado que uma empresa já sólida pode reservar. Em outras palavras, é claro que quando você lança uma startup, você não pode contar com uma equipe de gerentes de mídia social! No entanto, isso não significa que você tem que desistir de usá-las: todos os envolvidos no projeto podem seguir seus perfis oficiais nas mídias sociais, assim como eles seguem seus próprios perfis pessoais. No entanto, pode fazer sentido atribuir uma tarefa a cada membro da equipe, de modo a atingir aquele nível de especialização que mencionei anteriormente, tentando identificar a pessoa que tem mais aptidão para usar o YouTube, aquela que conhece melhor o Instagram... É claro que uma startup não tem necessariamente de utilizar todos estes canais; em vez disso, pode se concentrar muito bem em apenas um ou dois e excluir os outros, dependendo do tipo de serviço ou produto que oferece, através da identificação da comunidade de referência que seria mais interessante.

Hoje em dia, em geral, Instagram e Facebook são as redes sociais mais utilizadas, portanto, no início, a escolha pode ser um dos dois, se você não tiver recursos para seguir ambos os caminhos. Naturalmente, a escolha também depende do que o negócio está oferecendo. Se você não tem produtos bonitos de se ver, interessantes do ponto de vista estético, é inútil estar no Instagram, que foi criado precisamente para compartilhar imagens. Se você vende um produto muito técnico, cuja aparência não é particularmente atraente, por exemplo, certamente faz mais sentido estar no Facebook, onde você pode dar outros tipos de informações. Se você tiver a sorte de ter alguém na equipe que possa criar e editar conteúdo do YouTube, é uma boa ideia tirar proveito disso... Mas imagino que isso não aconteça com frequência porque o YouTube é uma ferramenta muito mais complexa e o trabalho necessário para criar conteúdo de qualidade é maior e muito mais técnico. Quanto ao LinkedIn, devido à sua natureza empresarial, ele ocupa um lugar separado das outras redes sociais: Foorban está presente e ativo nele, e nossa página no LinkedIn irá mantê-lo informado sobre nossas atividades, colaborações, ofertas de trabalho... Mas essas coisas não necessariamente precisam fazer parte da primeira fase de um negócio, uma vez que podem ser adiadas para uma fase posterior.

MUITA TRANSPARÊNCIA... E UMA PITADA DE CINISMO!

Para aqueles que sabem como utilizá-las adequadamente, as redes sociais podem oferecer formas muito concretas de criar realidades empresariais extraordinariamente bem-sucedidas. A web está cheia de exemplos brilhantes, mas uma história que acho muito inspiradora é a de Cristina Fogazzi, uma esteticista de Brescia que possui uma clínica de beleza em Milão. Há alguns anos ela iniciou um blog em que discutia temas relacionados ao mundo da estética com honestidade e ironia para encorajar as mulheres a cuidar de si mesmas, mas ao mesmo tempo fazendo-as rir. Seus posts eram acompanhados por divertidos desenhos animados nos quais seu alter ego – a Cynical Beautician (Esteticista Cínica, em livre tradução) – não se detinha com as verdades incômodas sobre temas que levam muitas mulheres a noites sem dormir, como celulite, espinhas e rugas, com profissionalismo e uma riqueza de informações cientificamente fundamentadas, mas também com um irresistível senso de humor. Esta nova fórmula teve um sucesso explosivo, que foi consolidado pelo uso hábil das redes sociais por parte de Fogazzi. A chave para esse projeto foi, por um lado, a originalidade da sua abordagem que a destacou de todos os outros concorrentes do setor e, por outro, o uso muito cuidadoso das redes sociais que lhe permitiram desenvolver um envolvimento extraordinário e uma comunidade de seguidores fiéis que têm grande confiança nela, seus conselhos e também em seus produtos. Em resposta, a pedidos de seus seguidores, Cristina Fogazzi também criou uma linha de produtos que ela mostra através de redes sociais e vende em uma plataforma dedicada ao comércio eletrônico. No ano passado, a linha de cosméticos da Cynical Beautician conseguiu triplicar suas receitas, passando de 150 mil para 450 mil euros por mês. O que começou como um apelido tornou-se uma marca de sucesso, uma empresa sólida caracterizada por um modelo de negócio que se entrelaça perfeitamente com a dinâmica comercial online e offline.

Outro aspecto a se admirar (e imitar) é a transparência das suas interações sociais com os seus seguidores, o que lhe valeu a confiança e mesmo a compreensão deles quando cometeu alguns erros inevitáveis. Por exemplo, quando o site de comércio eletrônico teve problemas técnicos que levaram a interrupções temporárias do serviço e atrasos na entrega dos produtos, ela admitiu isso com muita sinceridade, explicando tanto as dificuldades como as medidas postas em prática para resolvê-las, e sempre com a ironia que é a sua marca registrada. Sua comunidade simpatizou com ela e torceu por toda a equipe, apoiando-os nos momentos mais críticos. Há realmente algo a se aprender com aqueles que (também) sabem como lidar tão bem com seus erros, nunca perdendo a confiança em si mesmos e em suas habilidades, mas mostrando grande humanidade e sinceridade. Nem sempre é possível evitar os eventos negativos, mas ter a perspicácia de lidar com eles desta forma, sem negá-los e pedindo desculpas se necessário, é uma coisa realmente boa.

Uma empresa deve ser sempre transparente com os seus clientes, independentemente do canal utilizado para a comunicação, ainda mais nas redes sociais que oferecem a oportunidade de se comunicar diretamente e sem intermediários. No entanto, é claro que é ingênuo pensar que uma empresa pode mostrar tudo, porque nem tudo é comunicável para o mundo exterior. Então, por exemplo, embora seja verdade que precisamos ser transparentes com nossos clientes, também é verdade que precisamos nos proteger da competição e de possíveis imitadores. Se a minha empresa, digamos, produz bolsas, eu certamente não vou mostrar os modelos da próxima coleção antes de estarem prontos e distribuídos, porque não posso deixá-los à mercê de todos.

FALHAS MARCANTES, OU MELHOR, ÉPICAS

Outra coisa que nunca deve ser esquecida é que o poder das mídias sociais também pode ser negativo. Quando você usa as redes sociais, especialmente nos negócios, nunca é demais ter cuidado, pois um erro que não é imediatamente reconhecido como tal pode se transformar em uma avalanche com consequências imprevisíveis. Estas são as chamadas falhas épicas: são muito insidiosas e podem tornar uma marca inesquecível - no sentido negativo, claro - em questão de minutos, destruindo o trabalho de anos de uma só vez. Um exemplo marcante foi a campanha de mídia social lançada na China pela Dolce & Gabbana em novembro de 2018, na véspera de um desfile de moda programado em Xangai: o conceito por trás dos vídeos lançados através dos canais de mídia social da marca deveria ter sido o amor da empresa pelo grande país asiático. Na prática, porém, os vídeos foram vistos como ofensivos pelos usuários chineses, que consideraram inapropriado o uso de uma série de estereótipos culturais sobre seu país, seus hábitos alimentares, até mesmo seus preceitos sobre beleza. A casa de moda milanesa foi forçada a remover os vídeos depois de debates acalorados nas mídias sociais. Como se isso não fosse suficiente, porém, após algumas horas uma conta de Instagram próxima ao mundo da moda publicou uma série de mensagens privadas da conta pessoal do estilista Stefano Gabbana, nas quais ele desabafava sobre o que havia acontecido através de insultos bastante desagradáveis sobre o povo chinês. Embora Gabbana tenha mais tarde afirmado que seu perfil tinha sido hackeado e que essas mensagens não tinham vindo de sua conta, os danos foram enormes: os principais sites de comércio eletrônico chineses pararam de vender produtos D&G e os usuários chineses mostraram seu desapontamento com a marca, convidando seus colegas usuários a boicotá-la.

Embora possa ser verdade que as tempestades sociais desaparecem tão rapidamente quanto surgem e não marquem automaticamente o declínio de uma empresa (especialmente se for grande e importante), na pior das hipóteses criam um revés; e também é verdade que a partir do caso acima, e de muitos outros semelhantes que ocorreram nos últimos anos, podemos tirar uma lição importante: aprender a usar as redes sociais com cuidado é crucial para qualquer pessoa, e para uma empresa ainda mais. Não podemos compartilhar com impunidade o que nos vem à cabeça, em termos de educação, em primeiro lugar, mas também porque as consequências das nossas ações podem ser muito graves. As redes sociais são uma zona neutra e não há distinção entre o mundo virtual e a "vida real". Na verdade, expressar-se sem restrições nas redes sociais pode ser ainda mais perigoso, porque as nossas palavras têm uma zona de ressonância enorme, praticamente sem fronteiras. Precisamente porque muitos negócios hoje em dia têm uma dimensão global, é impensável que alguém ainda acredite que pode usar certos estereótipos culturais. O que é aceitável, ou mesmo engraçado, em uma cultura, pode ser muito ofensivo em outro lugar... E seria bom se todos, mas especialmente aqueles que são responsáveis por uma empresa e seus muitos trabalhadores, sempre se lembrassem disso. É pura arrogância esperar que todos compartilhem da nossa maneira de ver as coisas... ou que riam das nossas piadas.

A ÚNICA PESSOA QUE VOCÊ ESTÁ DESTINADO A SER É AQUELA QUE VOCÊ DECIDE SER

As mídias sociais também são fenomenais quando se trata de marca pessoal, que é uma expressão que indica o conjunto de estratégias postas em prática para promover a si mesmo, suas habilidades e experiências, sua carreira, como se você fosse, de fato, uma marca. E é algo que pode ser realmente útil a todos para garantir que um cliente, um empregador ou um parceiro nos escolham. Elas são essenciais quando você quer mudar de emprego, quando está procurando novas oportunidades, quando está procurando um parceiro ou um financiador para o seu próprio projeto. O objetivo final de qualquer operação de branding pessoal é, de fato, ser capaz de comunicar uma imagem de si mesmo, posicionando-se como se fosse uma empresa ou um produto... E não é difícil entender o quanto isso é crucial, especialmente em um mercado de trabalho como o atual, onde é norma reinventar-se repetidamente durante a sua vida profissional.

Há alguns anos estou construindo a minha própria marca. Tenho de admitir que na época não estava claro o porquê, mas o meu instinto me disse que era algo que poderia me ajudar no futuro a desenvolver qualquer tipo de projeto que tivesse em mente, mas também qualquer tipo de causa que fosse importante para mim e que eu quisesse partilhar com a minha comunidade. Agora que já passaram alguns anos, reconheço que tem sido, e continua a ser, muito importante, principalmente como apoio à minha atividade de startupper em série. Estou convencido de que para um startupper em série o tempo dedicado à marca pessoal é bem gasto, porque o ajuda a criar uma comunidade de pessoas que o conhecem e confiam em você, dando-lhe a certeza de que, qualquer que seja o projeto profissional que decida lançar a seguir, eles ainda lhe darão a sua confiança. Para aqueles de nós que fazem este trabalho é muito importante mostrar aos clientes, investidores, parceiros das nossas empresas, que somos uma pessoa dinâmica, que nunca para de crescer e evoluir. E claro que é trabalho extra, porque não pode ser deixado ao acaso ou à improvisação... mas as recompensas, a longo prazo, são muitas.

A este respeito, devo dizer que encontrei outra vantagem: precisamente porque muitas vezes trabalho em novos projetos, a minha comunidade é basicamente o meu primeiro público-alvo para ver se uma ideia pode realmente funcionar. Os membros da minha comunidade são frequentemente os primeiros a quem eu as apresento, a quem faço as minhas perguntas; tentando envolvê-los no processo que me ajuda a compreender se um novo projeto é válido ou não. E eles são sempre os primeiros a serem envolvidos no lançamento, se essa ideia se concretizar.

Se eu tivesse que indicar onde você deve basear a sua marca pessoal, sem dúvida salientaria mais uma vez a importância da autenticidade e da transparência: ser você mesmo é a melhor maneira de construir uma marca pessoal crível. Eu acho que isto é essencial porque as redes sociais em geral são bastante transparentes e não é fácil ser crível na comunicação se não se comunica algo em que realmente se acredita. Fiel a este princípio, sempre tentei manter a mistura certa de elementos que compõem a minha imagem pública, o que obviamente corresponde ao que realmente sou. Nas minhas redes sociais – especialmente o Instagram, que é a minha favorita – apresento o lado glamoroso do meu negócio, composto por participações em eventos, desfiles de moda e tudo mais, assim como o lado empresarial (que ocupa grande parte do meu trabalho), ou seja, o trabalho duro envolvido no lançamento de uma startup ou como é estar no conselho da Foorban; os desafios de gerir uma empresa alimentar inovadora, sem nunca esquecer as minhas grandes paixões por motos, viagens, esportes e música, que não são de forma alguma menos importantes do que todo o resto e que me recarregam as energias, tal como o meu maravilhoso casamento com a minha esposa Gabrielle.

VOCÊ CONTINUARÁ A SER INFLUENCIADO OU FINALMENTE IRÁ INFLUENCIAR?

A minha atividade de branding pessoal teve o – muito agradável – efeito colateral de propostas de algumas marcas para me tornar seu embaixador. É uma atividade agradável e gratificante, especialmente porque as marcas com as quais escolho colaborar são sempre coerentes com o meu gosto, o meu estilo, a minha imagem. Uma das formas mais eficazes de construir a sua marca é estar ao lado de marcas que são bem conhecidas do público (as que têm o que no jargão técnico é chamado de uma maior "consciência de marca"). Se, no entanto, o posicionamento das duas marcas juntas estiver errado, o negócio está condenado ao fracasso. É por isso que só trabalho com marcas que sinceramente aprecio e que são consistentes com o meu estilo, talvez marcas de luxo que têm um toque de elegância masculina clássica sobre elas, o que está perfeitamente em sintonia comigo.

Em geral, eu nunca considerei usar minhas redes sociais para falar sobre o que as pessoas querem, mas sim o que eu queria que as pessoas vissem em mim. Falar sobre o que as pessoas querem (que é principalmente conteúdo relacionado à vida privada de outras pessoas ou fofocas em geral), certamente funciona no imediato, mas é insustentável a longo prazo, a menos que você queira transformar sua vida privada em um reality show e isso é algo que certamente não constitui uma marca pessoal. Mais uma vez é essencial não perder de vista a autenticidade e a qualidade do conteúdo, que é muito mais importante do que números vertiginosos. Digo isto porque percebo que muitos de nós estão se tornando escravos dos "likes" e do nosso número de seguidores. Utilizar as redes sociais apenas como uma ferramenta para aumentar a sua visibilidade não tem nada a ver com marca pessoal: a fofoca não cria envolvimento, e do ponto de vista do marketing é absolutamente inútil. Na verdade, eu diria que é até ruim: ao envolver-se nisso você deixa de ser um líder ou influenciador porque se torna influenciado pelo que os outros lhe dizem para apreciar. Desta forma, você se torna um seguidor no sentido próprio da palavra, porque você segue obrigatoriamente o caminho indicado pelas massas através da curtida dela.

Como sei que ser um influenciador é um dos novos empregos disponíveis e que o chamado "marketing de influência" é uma coisa incrivelmente séria, independentemente do que possam pensar aqueles que ainda não entenderam como os novos meios de comunicação se tornaram importantes para as empresas, quero concluir mencionando que hoje as empresas, especialmente as grandes e bem estabelecidas, não olham para os números, mas para a qualidade do conteúdo e do posicionamento. Elas querem histórias reais e um ponto de vista autêntico e original. Sou uma demonstração disto: não tenho números enormes na arena competitiva do mundo dos influenciadores, mas recebo ofertas de muitas colaborações de alto nível devido à minha marca pessoal à qual me dediquei durante anos e que me tornou conhecido pelo que sou, tanto como profissional quanto como pessoa.

Minha carreira profissional e também minha experiência com redes sociais me ensinaram que qualidade, coerência e autenticidade são as únicas moedas que sempre compensam.

CHIARA MAGNAGHI	Gerente de projetos, Condé Nast Social Talent Agency

O QUE SIGNIFICA "MARCA PESSOAL"

Lembro-me muito bem da primeira vez que ouvi falar em "marca pessoal". Foi em 2013, quando eu estava fazendo um mestrado em marketing, comunicação e estratégia digital. As aulas faziam parte de um módulo destinado a ajudar os alunos a se posicionarem de forma correta e eficaz no mercado de trabalho. Para mim que, como bacharel em direito, que após uma experiência inicial com o The Blonde Salad, decidi começar do zero seguindo a minha paixão pela comunicação, isso era um assunto de importância crucial. É bem sabido que as qualificações de alguém jovem e sem experiência de trabalho estão entre as primeiras informações que uma empresa irá analisar. É fácil, portanto, imaginar o cuidado com que segui essas lições, esperando desenhar alguns elementos úteis para melhor orientar o meu percurso profissional.

Foi então que eu entendi o conceito por trás de marca pessoal: é marketing, mas aplicado à pessoa. É quando você começa a se tratar como uma marca, começando com estratégia e fazendo a si mesmo uma pergunta: "Como eu quero que o mundo (no meu caso específico, meu futuro empregador) me perceba?" E esta questão diz respeito não só ao presente, mas também ao futuro. Perguntar-se isto significa traçar um caminho de carreira mental, estabelecendo objetivos a médio e longo prazo. Foi uma aplicação teórica do mix de marketing, os famosos 4Ps? Absolutamente sim! Compreendi então a enorme importância de cuidar do meu perfil no LinkedIn, de uma escrita correta e eficaz do currículo, não só no que diz respeito à substância, mas também a elementos formais, tais como a fonte utilizada, a alternância entre negrito e itálico, a imagem que o acompanha. Em essência, é uma questão de se transformar num produto dentro de um mercado onde é essencial encontrar o posicionamento correto.

Depois de um tempo, porém, comecei a entender que tratar a si mesmo como uma marca no mundo do trabalho é muito importante, não só quando você está procurando novos estímulos e quer mudar de emprego, mas também, de forma mais geral, para lidar com qualquer momento da sua vida profissional. Falando em marca pessoal, acho a definição dada pelo fundador, presidente e

CEO da Amazon, Jeff Bezos, que nada mais é do que "o que as pessoas falam sobre você quando você está fora da sala", realmente eficaz e esclarecedora. É um pensamento que tem me ajudado em muitas reuniões e entrevistas importantes. Ao longo dos anos descobri que é um conceito fundamental não só para os recém-formados e para aqueles que estão entrando no mercado de trabalho pela primeira vez, mas também, e talvez ainda mais, para aqueles que ocupam posições de topo na organização de uma empresa.

Coincidentemente, algum tempo depois, durante o meu primeiro estágio numa agência de publicidade, foi-me atribuída uma tarefa que foi considerada "fora do âmbito", ou seja, fora da minha área específica de especialização. Tratava-se de desenvolver ideias e um plano editorial de mídia social para o CEO da empresa. A princípio a tarefa me pareceu ingrata, mas depois compreendi a importância do assunto: melhorar a imagem da pessoa que representa a empresa significa aumentar a sua credibilidade, ajudando-a a vender os seus produtos e serviços. Basta pensar nos exemplos de grandes empresas cuja marca está associada, na mente do consumidor, diretamente ao fundador como uma pessoa: Steve Jobs e a Apple ou Giorgio Armani e a Armani Spa, para citar apenas dois. A marca e a pessoa estão interligadas profundamente, impressas na mente do consumidor. A percepção é fundamental e deve ser tratada com muito cuidado, especialmente na época em que estamos vivendo, na qual o papel das redes sociais se tornou fundamental.

Se a marca pessoal é importante para os gigantes corporativos, é fácil imaginar como ela é importante no mundo das startups e das novas profissões digitais. Quando se trata de novas realidades, a imagem do fundador deve ser promovida com ainda mais precisão. Não é, como no caso dos gigantes, a manutenção de uma boa imagem, mas a criação da percepção corporativa. O startupper é a mente, a ideia e o produto que ele quer vender, e a empresa é sua criação. E não é apenas uma questão de credibilidade, mas também de meios: é bem conhecido que, quando uma empresa está na sua fase inicial, é provável que os seus recursos sejam limitados. Usar você mesmo como uma ferramenta de comunicação eficaz para o produto que sua empresa quer vender é uma questão de astúcia e otimização.

O nascimento de novas profissões digitais e o fim da ideia de um cargo permanente tornaram a marca pessoal um aspecto muito importante. Se você está sozinho na venda da sua profissão e serviços, a imagem que comunica através do seu website e redes sociais é um elemento de extraordinária importância. Se você é, digamos, um profissional que vende serviços de gestão de redes sociais para empresas, o seu perfil do Instagram, incluindo o seu perfil pessoal, deve ser um espelho da sua profissão e, portanto, do cuidado que você oferecerá ao seu cliente.

Aprendi com Riccardo a importância de ter uma estratégia orientada, se você é um gerente de talentos. Ao gerir um talento/influenciador, a escolha de cada colaboração torna-se decisiva. O importante é ter sempre em mente seu objetivo, ou para onde você quer ir, enquanto escolhe os parceiros e estratégias certas para chegar lá. Por exemplo, colaborar gratuitamente com certas marcas que ajudam o talento a alcançar os objetivos de posicionamento é um bom passo no caminho para o objetivo. Deve ser considerado como um investimento real: significa investir tempo e talvez até perder oportunidades de emprego, mas graças à associação com essa marca, a sua imagem alcançará a percepção desejada.

Hoje em dia, ser um influenciador é a evolução definitiva do conceito de marca pessoal. É uma "profissão" que se baseia na gestão correta da imagem e da pessoa. A capacidade de influenciar os usuários através de suas vidas, hábitos e estilo é a forma evoluída deste conceito.

Sempre aconselho os talentos da Condé Nast Social Talent Agency a abraçar as novas tendências no mundo do marketing de influência, aperfeiçoar a sua capacidade de contar histórias e criar conteúdo, e dar à credibilidade e à autenticidade o grau certo de importância. Lembro-lhes que nunca devem perder de vista o conceito de responsabilidade que têm com seus seguidores e com as marcas para as quais trabalham: é particularmente importante ter isto em mente, precisamente porque as redes sociais são uma ferramenta muito poderosa. Incentivo-os a observar e monitorar os seus próprios seguidores e a se inspirarem neles. Sublinho a importância da cooperação a longo prazo, uma vez que a cooperação a curto prazo é muitas vezes confusa e não oferece qualquer vantagem real. Neste sentido, lembro-lhes o quanto a mudança esquizofrênica de uma marca para outra dentro da mesma categoria de produtos pode ser penalizante, e o quanto vale a pena se vincular exclusivamente a uma única marca. Em teoria, isto deve ser valorizado financeiramente, mas pode fazer mais sentido renunciar a este aspecto se, por alguma razão, não houver condições para o conseguir, porque a longo prazo, escolher uma marca e permanecer fiel a ela pode gerar vantagens muito maiores do que a gratificação econômica imediata.

Em geral, compreender e seguir a direção estratégica de comunicação que escolheu, ajuda-o a ser notado pelas marcas e, portanto, a ter mais oportunidades de emprego, porque ao fazê-lo você passa a representar um público-alvo muito claro. A escolha de uma linha editorial precisa implica sacrifícios, mas, a longo prazo, gera maiores recompensas. Isto é demonstrado pela importância cada vez maior que os microinfluenciadores, que abordam nichos de mercado específicos e têm uma ligação muito profunda com o seu público, começaram a ter para as empresas.

E meu último conselho diz respeito à importância do offline: saber como escolher os eventos que você participa pode realmente fazer a diferença.

CAPÍTULO NOVE

UM INCÊNDIO QUE NÃO SE APAGA

- Construa algo que dure ao longo do tempo
- Trabalhe em estratégias de longo prazo

VIVA A EVOLUÇÃO

Uma empresa não pode permanecer uma startup para sempre: ou ela fecha, se não conseguir sobreviver aos três primeiros anos de atividade, ou continua a sua jornada estruturando-se definitivamente. Isto não significa que o fundador deve necessariamente acompanhar o destino da sua criação. Ele pode decidir ficar a bordo e guiá-la nas próximas etapas, ou pode se destacar e se lançar em outros projetos. Com o The Blonde Salad segui o primeiro caminho, pois permaneci no leme como CEO por cinco anos, vendo-a passar de uma realidade muito pequena nascida de um blog de moda para uma verdadeira empresa de mídia, com mais de 25 pessoas trabalhando conosco. E nessa altura percebi que quando se começa a ter tantas pessoas debaixo de nós, o nosso trabalho passa a ser administrá-las e tentar resolver os seus problemas. Há todo o aspecto da gestão de pessoal, contratação e demissão, mas também remendar as coisas quando algo corre mal com um cliente, que obviamente não quer falar com quem o aborreceu, mas com alguém que está acima e que é capaz de lhes assegurar que da próxima vez as coisas serão melhores. Em suma, é um trabalho completamente diferente do que é exigido nas fases iniciais de lançamento de um negócio. E algumas pessoas fazem isso muito bem, e ficam felizes nessa execução. Eu não, no entanto. Prefiro sujar minhas mãos e trabalhar nos aspectos criativos, em vez de me sentar numa poltrona dirigindo o trabalho de outras pessoas. Digo isto com o maior respeito por aqueles que são capazes de administrar isso. Na vida, como sempre, é uma questão de ser capaz de olhar dentro de si mesmo e reconhecer aquilo em que você é bom e aquilo em que não é bom.

MANOBRAR NO PORTO E VELEJAR EM MAR ABERTO

Uma comparação que acho que é muito apropriada a este respeito é entre um prático de navio e um capitão. Talvez nem todos saibam que, quando um grande navio tem que sair de um porto comercial, não é o capitão que faz as manobras, mas um especialista local chamado prático de navio. Esta pessoa, que conhece extremamente bem todos os elementos físicos que caracterizam o porto – como correntes e fundos marinhos – assim como os elementos atmosféricos dominantes – como ventos e marés –, manobra diferentes navios e coordena, com outros serviços (rebocadores e amarras), a realização de uma tarefa que mais ninguém seria capaz de fazer, impedindo que o navio faça ou sofra danos perto da costa enquanto o guia em águas restritas. Durante esta fase de manobras, o lugar do piloto é a ponte do navio. Uma vez que o navio tenha sido posto em marcha e chegado em mar aberto, o piloto usa a escada de quebra peito, uma escada feita de cordas, para entrar num barco menor, chamado barco piloto, que o leva de volta ao porto. Nesse momento o comando do navio passa para o capitão, que o guia durante a navegação de mar aberto até o seu destino final. Acho esta semelhança fascinante e ilustra perfeitamente as diferenças entre a fase de lançamento de um negócio e o resto da sua vida. Ambos podem ser difíceis, porque há muitos perigos na navegação em mar aberto, assim como há inúmeras armadilhas quando se manobra em águas restritas, mas o que eu gostaria de salientar é que a sua gestão requer habilidades diferentes e complementares. Ao dirigir o The Blonde Salad, percebi que dei o melhor de mim na primeira das duas fases. Eu era como um prático de navio... ou um construtor, aquele que lança as fundações, constrói os pilares, sobe as paredes e depois, quando tudo está completo, quando até as decorações estão no lugar, fica feliz em deixar as chaves do edifício para outra pessoa para que possa viver lá e administrá-lo. E assim eu posso ir e lançar as fundações de outro edifício!

ESTRATÉGIA E TÁTICA

É claro que aqueles que cuidam dos estágios iniciais de um projeto não podem manter os olhos fixos apenas no presente, mas também devem se projetar no futuro, mesmo que nesse ponto – se forem verdadeiros startuppers em série – eles já possam estar na escada de cordas, prestes a pular do navio. Em outras palavras, eles terão que elaborar um plano de ação de longo prazo para estabelecer e coordenar as ações destinadas a atingir o objetivo que se propuseram e depois trabalhar concretamente nas ações a serem tomadas dia após dia para atingir esse objetivo. É a famosa distinção entre estratégia e tática, tão cara aos especialistas em marketing e teorizada há mais de 25 séculos pelo lendário general Sun Tzu em seu tratado *A arte da guerra*: "Estratégia sem tática é o caminho mais lento para a vitória. Táticas sem estratégia é o barulho antes da derrota." Quem conduz uma startup deve ter uma visão, depois uma estratégia para alcançar essa visão e, finalmente, uma tática. A estratégia identifica os objetivos de longo prazo e define o caminho para alcançá-los; as táticas são algo mais concreto e estão orientadas para o curto prazo. Sem um plano maior, sem uma visão global, sem uma razão fundamental, em suma, sem uma estratégia, toda tática pode, de fato, fazer mais mal do que bem. Desconsiderando uma visão de longo prazo, corre-se o risco de cristalizar a ação organizacional em uma gestão de curto prazo, na qual as escolhas da administração são feitas com base nas circunstâncias em mudança, expondo assim a empresa a um alto risco de inconsistência. O plano estratégico, elaborado com o objetivo de tornar sua visão uma realidade, deve permanecer fixo por pelo menos seis meses, enquanto o plano tático é elaborado dia a dia. Para voltar à comparação náutica, eu diria que a visão pode ser equiparada à decisão de chegar ao Caribe saindo de Gênova. A estratégia é ir através do estreito de Gibraltar, e depois apontar para o Norte e assim por diante. A tática é abandonar os ancoradouros, seguir o percurso de perto, transportar a vela principal... em suma, todas aquelas operações práticas necessárias para aproximar o barco do seu destino.

Voltando ao ambiente empresarial, um bom exemplo neste sentido pode ser o fornecido pela Apple. Acredito que a visão da Apple era trazer o design para o campo da tecnologia e monopolizar a vida digital dos (potenciais) clientes com seus produtos. A estratégia era projetar uma série de dispositivos que "cobririam" todos os usos possíveis: quando você relaxa no sofá com seu iPad, quando você está no metrô com seu iPhone, quando você chega ao escritório com seu Mac, quando você vai correr com seu Apple Watch. A tática tem sido realizar concretamente as várias versões de todos estes produtos. Tenho a impressão de que, desde que Steve Jobs morreu, só as táticas ficaram... e que a visão e a estratégia foram um pouco perdidas ao longo do caminho. Prova disso é o fato de que, desde que ele se foi, não foram lançados novos produtos, apenas novas versões de produtos existentes. É preciso dizer que também é fisiológico que a força motriz de uma empresa se esgote, mas algo me sugere que o impulso criativo de Jobs não teria se esgotado e que, se ele tivesse sobrevivido, provavelmente teria sabido como inventar algo novo.

APRENDER A DIZER ADEUS

Obviamente, mesmo que você saiba que seu talento está em ser um prático de navio, dar esse salto e abandonar a ponte de comando pode ser difícil. Aceitar o fato de que uma criação sua começa a caminhar numa direção diferente daquela que tinha traçado para ela não é muito fácil de gerir de um ponto de vista psicológico, porque essa realidade nasceu da sua visão. E para criá-la foram feitos investimentos e uma série de ações táticas em que você, como fundador, trabalhou arduamente. A propósito, os investidores estão cientes desta realidade. Não é raro que eles condicionem a seu investimento que o fundador ou fundadores se comprometam a respeitar uma cláusula de "lock-up", ou seja, de não deixar o projeto por um período pré-determinado, que geralmente dura cinco anos. Isto porque, como espero ter deixado claro, geralmente o investimento é feito não só na empresa mas também na visão do fundador em particular, por isso é natural que os investidores queiram que ele ou ela permaneça envolvido no projeto durante o máximo de tempo possível.

E tenho de admitir que, mesmo quando todas as nossas obrigações com os investidores foram cumpridas, não é fácil deixar a sua criação nas mãos de outro, como sabe qualquer pessoa que já esteve na situação de fechar um capítulo da sua vida para começar outro. Isto porque inevitavelmente você se sente apegado ao que criou, mesmo que também sinta um forte desejo de assumir novos desafios. São duas forças contrastantes e igualmente poderosas, até porque enquanto você permanecer com seu projeto há um objetivo, uma missão... E, vamos admitir, você também está dentro dos limites de uma zona de conforto, enquanto abandoná-la significa se colocar novamente em jogo, vendo se você é capaz de fazer algo mais e até mesmo enfrentar o risco de não ser capaz de fazê-lo. Depois de deixar o The Blonde Salad passei deliberadamente alguns meses sem fazer nada, porque estava convencido de que seria a melhor maneira de recuperar energia e estimulação. Depois de tantos anos vivendo a 160km/h, não foi fácil me habituar a uma ociosidade tão despreocupada, mas foi realmente terapêutico.

Nesses meses aprendi que se tiver motivação dentro de você mesmo, esse fogo nunca se apagará e sempre pode recomeçar com outro projeto, com mais energia do que antes. Se você não tem essa motivação, não sei se poderá encontrá-la sozinho. Eu definitivamente sei que ajuda muito ter modelos a seguir. Para mim, o primeiro foi sem dúvida a minha mãe, que entre todos os meus mentores foi o mais importante e o que me mostrou, mesmo antes de me dizer o que significa trabalhar duro, a não ser derrotado por nenhuma dificuldade e ter uma ética de trabalho inabalável. Uma coisa que eu gostaria de dizer, no entanto, é que aqueles que não sentem que têm esse impulso dentro de si não devem pensar que são menos do que aqueles que o tem. Não estou exaltando o startupper, nem o hiperativo, categoria a que admito pertencer, em detrimento de todos os outros. O importante é olhar para o espelho com serenidade e entender onde suas energias podem ser melhor gastas. Nem todo mundo terá essa motivação, mas todo mundo tem, definitivamente, características que lhes permitirão encontrar satisfação na vida se fizerem o esforço certo. Se realizadas com poesia, as obras-primas podem emergir de qualquer atividade.

Afinal, a vida do startupper é, como já disse várias vezes, bela em muitos aspectos, mas muito dura em outros e requer muitos sacrifícios. É claro que você também precisa aprender a usar seu tempo eficientemente e não pensar que precisa trabalhar sempre mais de doze horas por dia, como escuto muitas pessoas dizerem com uma mistura de orgulho e vitimização. Os resultados do trabalho não são necessariamente medidos pelas horas que dedicamos a ele. Hoje, depois de tantos anos de trabalho árduo, noto que às vezes faço mais em duas horas do que em um dia de doze horas. Se eu conseguir criar ligações entre as pessoas, iniciar ideias... Sei que certamente não teria chegado a esse ponto se não tivesse tido tantos anos com dias de doze horas de trabalho nas minhas costas, mas o importante é ter consciência de que nem toda a sua vida profissional tem que ser assim!

AUTOCONFIANÇA NÃO É ARROGÂNCIA

Aceitar-se pelo que é, reconhecer os seus limites e o seu potencial, significa avançar para escolhas profissionais que são, sem dúvida, mais satisfatórias e mais alinhadas com a pessoa que você realmente é. Fortalecido por essa consciência, você pode se apresentar ao mercado de trabalho com confiança em si mesmo e em seus próprios meios, sem ser arrogante. Na minha carreira profissional tenho sido ajudado, entre outras coisas, por uma absoluta falta de timidez. Este é um dom de caráter, mas acredito que um papel ainda mais decisivo tem sido desempenhado por certas regras de boas maneiras, pelas quais devo agradecer mais uma vez à minha mãe, que me permitiu sentir sempre à vontade em todas as situações. Eu me vi diante de pessoas objetivamente extraordinárias, que em seu campo de atuação alcançaram um sucesso incrível e criaram algo monumental. Aquelas regras de conduta que aprendi permitiram-me sentir relaxado, nunca envergonhado. Se você sabe como se comportar, pode sempre se adaptar ao ambiente em que se encontra e nunca estará fora do lugar, porque tem certezas das quais pode confiar. Nunca sinto medo diante daqueles que são superiores a mim, mas apenas entusiasmo pela ideia de poder conhecer alguém que tem tanto a me ensinar. Parece que algumas pessoas têm problemas em admitir que estão em uma posição inferior, o que não significa se colocar no chão ou ignorar o seu próprio valor, mas sim reconhecer que você está diante de uma pessoa que empreendeu uma jornada profissional ou humana digna de admiração, e com a qual você só tem a aprender. Fora isso, você tem que desempenhar o seu papel, seja ele qual for, de cabeça erguida e aprender a olhar todos nos olhos, dando-lhes todo o respeito que eles merecem. Não é apenas uma questão de senso comum e humanidade, mas também, banalmente, de prática. Num mundo onde os papéis, ao contrário do passado, são tão frágeis e a paisagem do trabalho tão fluida e mutável, aqueles que sabem fazer as coisas já ganharam.

LUCIANO BERNARDINI DE PACE Editor da *Rolling Stone* (Itália)

Pode um homem de 62 anos, que teve tudo na vida – amor, dinheiro e sucesso pessoal – reinventar-se e recomeçar de novo?

A resposta é sim, se ele conseguir enxergar a oportunidade passar e a agarrar. Aconteceu comigo no dia seguinte à minha liquidação, em que vendi quarenta anos de trabalho pela soma de seis milhões de euros, em dinheiro, de uma vez! Naquele preciso momento – era abril de 2014 – e com essa quantidade no bolso, eu poderia ter parado e me aposentado, mas em vez disso vi a oportunidade passar com a marca mais poderosa e irreverente da história da contracultura e da geração revolucionária dos anos 1970 dos EUA, a *Rolling Stone*, que iria parar de publicar em nosso país naquele mesmo mês.

Naquele dia saltei no "trem" que levava aquela revista ao cemitério da editoria e comunicação italiana e o fiz mudar de direção. Visão? Loucura? Empreendedorismo? Bravura? Presunção? Caráter? Tudo isso quando, em primeiro de maio do mesmo ano, em Nova York, eu adquiri a licença para o setor de publicação e comunicação da *Rolling Stone*.

Na Itália, a *Rolling Stone* era uma marca antiga, obsoleta, vendida no mercado de publicidade por alguns euros por página... Mas tinha a força de uma marca única. A mentalidade e o modelo de negócio das outras editoras, num momento de aparente crise no setor, baseavam-se na defesa do passado, enquanto eu, seguindo, não a crise, mas a evolução do setor da comunicação, podia atacar o futuro.

Eu não tinha nada a perder a não ser os seis milhões de euros que tinha no bolso. O dinheiro é uma coisa material, o sucesso é um afrodisíaco... e ter uma movimentação tão grande aos 65 anos é puro êxtase. Ver é acreditar. Do velho rock nostálgico à cultura pop, de apenas música à vida real, do fanatismo fetichista do passado à descoberta do futuro. Estudei a tecnologia que muda as nossas vidas, notei a redução dramática do vão geracional, investi nos megafones das redes sociais e da web. Transformei uma marca do passado numa perspectiva para o futuro, investi no conteúdo. Ouvi muita gente, mas agi de acordo com a minha própria lógica. Busquei por jovens inexperientes e alguns deles estavam mimados pelo bem-estar... Mas aqueles famintos por sucesso e competitividade fizeram a diferença. O objetivo era sempre representar a verdadeira realidade, aliada à ética comportamental e à honestidade intelectual: respeito primeiro pelo leitor (o meu novo chefe) e depois pelo cliente. O dinheiro vem do cliente, mas se você conquistar um leitor, ele não vai deixá-lo ir... Não esqueci o passado, que continua sendo uma experiência intensa, e cavalguei o presente para construir o futuro. Acho que funciona em muitas áreas, não apenas na editorial. Talvez eu tenha passado algumas noites sem dormir, mas pela manhã o desejo e a determinação de alcançar o resultado produziram toneladas de adrenalina. Nunca desisti e, enquanto isso, tive pessoa como Pannella, um primeiro-ministro, o Papa e a Bebe Vio, que é um exemplo de vida para todos, nas capas da minha revista. Não só é rock n'roll, mas cultura pop.

CAPÍTULO DEZ

ENTÃO, AGORA VOCÊ CONSEGUIU?

- Sucesso e fracasso
- Fatores humanos e sociais pelos quais o sucesso é medido
- Como as startups estão mudando o mundo
- Experiência na Harvard Business School

NA ESCOLA DA FALÊNCIA

Se até o Mestre Yoda, na oitava parte da saga Star Wars, *Os Últimos Jedi*, diz: "O fracasso é o maior professor", você precisa acreditar nisso. Sei que pode ser apenas uma maneira de falar, um mero consolo para aqueles que não viram uma ideia em que acreditavam decolar, mas acredito firmemente que o fracasso é um grande recurso e que só se pode chegar ao sucesso através dele. Além disso, o fato de um projeto correr mal não significa que a pessoa tenha falhado, apenas que o projeto em questão falhou. De algum modo, você tem que ser bom em entender quando desistir, para evitar jogar dinheiro fora e continuar servilmente em algo que não funciona. É preciso ter a sensibilidade certa para entender quando se deve fechar um capítulo e abrir um novo. Três ou quatro das minhas empresas faliram nos primeiros três anos após a sua criação, mas depois três outras correram bem. As minhas três empresas de sucesso recuperaram, em grande parte, as perdas das outras que correram mal, por isso, no final, o saldo é positivo do ponto de vista do valor criado. E é normal que seja assim. Comecei quando tinha vinte anos, quando nem sequer sabia o que startup significava e fiz coisas só porque queria fazê-las. Desses fracassos, porém, tirei algumas lições importantes que ficaram gravadas na minha mente e que me guiam nas minhas escolhas empreendedoras.

Em 2013, por exemplo, Stefano e eu fundamos uma marca de lenços de bolso para casacos masculinos, chamada Ferrucci Milano. A ideia surgiu do fato de tanto ele como eu gostarmos de pôr lenços nos bolsos de casacos elegantes e esportivos, e percebemos que não havia uma marca dedicada a isso. Havia aqueles sem marcas – muito simples e sem personalidade – e aqueles produzidos pelas marcas históricas de gravatas e lenços de seda. Assim, decidimos criar uma linha específica de lenços de bolso, chique e casual, muito reconhecíveis, cores brilhantes e padronagens novas e originais, com embalagens muito especiais, dando um toque de originalidade ao estilo masculino.

O projeto foi bem pensado e a marca era boa, então começamos a fazer algum trabalho de relações públicas para introduzir o produto e descobrimos, de fato, que os clientes também gostaram. Naquela época, porém, ambos estávamos muito ocupados com outras atividades, eu com o The Blonde Salad e Stefano com seu trabalho em uma empresa multinacional. Nós basicamente contratamos um estagiário para cuidar da parte mais operacional, mas não havia ninguém para colocar a energia, a paixão e o amor necessários para que a empresa se desprendesse, porque nós fundadores estávamos nos dedicando a outra coisa. Então a Ferrucci Milano continuou por um ou dois anos, se arrastando. Gastamos muito dinheiro porque, apesar de tudo, estávamos tentando alcançar algo, mas perdemos muitas oportunidades e, no final, decidimos suspender o projeto.

A partir desta experiência de fracasso aprendi que, ao lançar um projeto, você tem que estar cem por cento focado. Agora sei que quando se cria uma nova empresa, além da ideia e do dinheiro, também é necessário uma pessoa que esteja pronta para dedicar todo o seu tempo e energia a ela. Mesmo na fase de lançamento da Foorban eu estava ocupado demais como CEO da TBS Crew e da Chiara Ferragni Collection. E estou convencido de que mesmo esse projeto teria dado errado se não houvesse alguém disposto a dedicar toda a sua energia a ele, mesmo que a ideia estivesse certa, não faltasse dinheiro e tudo estivesse pronto. Nesse caso, porém, eu sabia que podia contar com os meus parceiros, que estavam dispostos a dar tudo de si a essa nova atividade.

Outra história de "fracasso" da qual aprendi muito foi a de Werelse, uma plataforma online que lancei, novamente com Stefano, em 2011. Era usada para apresentar os produtos que Chiara Ferragni e dois outros blogueiros internacionais – Andy Torres, da StyleScrapbook e Carolina Engman da Fashion Squad, que na época eram semelhantes à Chiara em termos de números – desenharam em colaboração com várias marcas. Na prática, era uma plataforma onde era possível comprar coleções cápsula de edição limitada cujo design era feito por três dos mais famosos e mais seguidos blogueiros de moda da época. A ideia parecia um pouco com o que é agora a seção de loja do The Blonde Salad, que é um comércio eletrônico onde se pode comprar coleções cápsulas personalizadas. Na época, porém, era um projeto um pouco inovador demais para o mercado conseguir controlar e, portanto, lutamos para persuadir as empresas a participar. Quando conseguimos, as coleções correram bem, como a coleção de acessórios Mango Touch, mas no geral o negócio era muito complexo, e os resultados não equivaliam aos esforços, então decidimos fechá-lo.

A experiência Werelse ensinou-me que o timing é tudo, que mesmo projetos interessantes ou potencialmente revolucionários correm o risco de falhar se forem lançados quando o mercado não está preparado para eles. E essa paciência é uma virtude que você nunca deve esquecer!

O QUE É SUCESSO? O QUE É FRACASSO?

Acho que devemos entrar em acordo de uma vez por todas sobre o que os termos "sucesso" e "fracasso" realmente significam. Porque penso que a ideia que prevalece na sociedade contemporânea é absolutamente enganadora e está nos fazendo esquecer completamente onde reside realmente o sucesso pessoal, bombardeando-nos com o falso conceito de que o dinheiro é a única medida de comparação real.

Talvez seja um pouco estranho que seja eu quem diz isso, que até agora trabalhou principalmente no mundo da moda e luxo e que certamente não é um bom samaritano. No entanto, mesmo o que fiz nesse setor foi marcado por uma certa visão do negócio. Talvez eu pudesse ter ganhado muito mais, ou talvez não tivesse chegado onde cheguei... É impossível saber. O certo é que não fui cofundador do The Blonde Salad e da Foorban para ficar rico, mas para fazer algo que me agradava e pelo qual eu era apaixonado, seguindo a minha ética. No final, isso é tudo o que me importa.

É claro que, graças aos resultados positivos que obtive, alcancei a segurança econômica mais cedo do que a média dos meus pares com algumas das minhas atividades, e tenho sido capaz de satisfazer muitos caprichos numa idade em que normalmente é difícil fazê-lo, a menos que se possa contar com dinheiro de família. Mas estou sinceramente convencido de que minhas maiores riquezas, além da casa, um bom carro ou a possibilidade de viajar – o que eu aprecio muito! – são a minha experiência e a rede de contatos que criei. Estas são coisas que construí lentamente e cultivei nos últimos sete anos... E acredito e espero que sejam elas a servir-me no futuro.

DERRUBE AS PAREDES... MESMO AS COBERTAS DE CHIFFON

Outra grande satisfação é poder dizer que temos ajudado a mudar de alguma forma as regras de um setor fechado, elitista e aparentemente intocável, como a moda. Na verdade, não há dúvida que o impacto de blogs, como o The Blonde Salad, no mundo da moda e em particular do luxo tem sido muito forte.

Isso foi algo que notei nos primeiros meses de vida do The Blonde Salad. Mesmo antes do blog existir, as fotos de Chiara, postadas em redes sociais, atraíram a atenção de milhares de usuários. O incrível é que mesmo em um site de compartilhamento de fotos como o Flickr, onde muitos fotógrafos profissionais postavam e compartilhavam fotos, suas imagens muitas vezes conseguiam atrair mais interesse do que as deles. Foi bastante surpreendente ver como as selfies feitas com poucos meios técnicos por uma garota das províncias italianas foram mais apreciadas do que as sessões fotográficas realizadas em locais exóticos por profissionais internacionais, com custos consideráveis em termos de tempo, energia e recursos.

A razão pela qual isso aconteceu é insondável e só posso atribuí-la ao chamado "fator x", aquele certo *je ne sais quoi*, impossível de descrever, que algumas pessoas têm e que consegue atrair a atenção de outras. Certamente, alguns aspectos ajudaram muito: o fato de as suas características estarem correlacionadas a um cânone de beleza apreciado em todo o mundo; o fato de Chiara ter uma boa aparência, mas não ser tão inacessível como uma supermodelo, com aquele charme de garota da casa ao lado; e o fato de ser italiana, de certa forma uma especialista em moda "por direito de nascença", mas ainda assim com um perfil internacional. Assim como o fato de ter vindo de um passado normal e ter uma vida e experiências fáceis de identificar, elementos que nos anos de boom dos reality shows foram fundamentais. O interesse gerado por Chiara e outros blogueiros de moda então uniram forças com o chamado efeito *peer-to-peer*, que significa que se eles usassem uma peça de roupa ou um acessório, isso não era percebido como publicidade, mas como o conselho de um amigo que havia sugerido a compra de um produto.

Dediquei minha tese de graduação a este tema, que defendi em 2010 na Universidade de Bocconi. Durante a minha pesquisa tinha proposto duas imagens a uma gama de pessoas pertencentes ao mesmo grupo social: a primeira era uma bolsa Chanel usada por Chiara; a segunda era a mesma bolsa usada por uma modelo num editorial de uma revista icônica de moda. Fiz então várias perguntas aos membros do grupo de pesquisa para entender se a vontade de gastar, o desejo de fazer a compra, a confiança na marca, a percepção da utilidade do produto, variaram ou não dependendo da imagem que estavam vendo. E, nem preciso dizer, quem viu a foto da bolsa usada por Chiara sentiu uma proximidade com a marca que no outro caso não era tão forte. Perceberam uma utilidade completamente diferente do produto. Isso também aconteceu com meninas mais jovens de poucos recursos financeiros, que expressaram o desejo de poupar para comprar aquela bolsa de estilista, sabendo que também poderiam usá-la em combinação com roupas extremamente casuais, talvez compradas em cadeias de baixo custo.

Na verdade, uma das grandes inovações trazidas pelos blogueiros de moda foi tornar aceitável a ideia de que você não precisa se vestir da cabeça aos pés com roupas de estilistas, pode facilmente combinar uma bolsa de estilista com jeans rasgados ou um par de tênis de lona. Este reconhecimento do fenômeno *mix and match* tornou-se moda graças aos blogueiros e aos influenciadores, e tem favorecido muito as marcas de luxo, porque as aproximou de um novo grupo de consumidores. Mesmo os jovens, que não se podem dar ao luxo de ter um guarda-roupa cheio de roupas de marca, poupam para comprar até uma peça que percebem como icônica e não como algo distante deles e de seu mundo. É por isso que as marcas de luxo têm ido na onda deste fenômeno, o que tem sido um grande privilégio de viver e ajudar a criar.

O que conseguimos no mundo da moda, antecipando uma tendência que desde então se tornou amplamente difundida, nos inserindo num espaço que na época mal existia, é o que todo empreendedor deve desejar ser capaz de fazer: equilibrar instinto e experiência, tentando estar sempre um passo à frente do tempo para agarrar as oportunidades mais vantajosas.

MAIS RÁPIDO QUE A LUZ

Falando em redes de lojas de baixo custo, cresce a consciência dos custos humanos, sociais e ambientais de muitas empresas que criam fast fashion, ou seja, aquelas que produzem e vendem artigos baratos de moda, constantemente propondo novidades. As suas taxas de produção só se sustentam com o deslocamento das fábricas para países onde os custos laborais são baixos, onde em muitos casos as condições de segurança dos trabalhadores não são as melhores, e o respeito pelas normas que regem a aquisição de matérias-primas, produção, transporte e descarte do produto, para reduzir o impacto ambiental, são bastante erráticos. Hoje existem consumidores que demonstram uma certa sensibilidade e consciência em relação a estas questões e que, portanto, prestam mais atenção à origem dos materiais e ao local onde as roupas são feitas. No entanto, este discurso diz respeito a uma elite cultural, o que não é muito relevante em termos percentuais. Além disso, a velocidade e a onipresença dos meios de comunicação, que hoje dispomos, tornou a mudança de tendências e a contínua difusão de novas modas ainda mais rápida, o que em termos de vestuário se traduz numa notável superficialidade. Em outras palavras, o vestuário do mercado de massas de hoje em dia é só imagem e pouca substância – desde que uma peça de vestuário seja bonita, esteja na moda e tenha bom aspecto quando usada, não importa se é de boa qualidade ou durável. Afinal, os jovens de hoje nasceram com Snapchat e Instagram, por isso é compreensível que, para eles, a duração de uma peça de roupa seja equivalente ao punhado de segundos que um vídeo postado online dura.

É inegável que na difusão do fast fashion há pelo menos um aspecto positivo, que é o de ter um estilo democratizado, tornando-o mais acessível e permitindo que as pessoas, especialmente os jovens, tenham armários grandes e variados. Os custos das marcas de luxo são na verdade insustentáveis para a maioria dos consumidores. Embora façam sentido em termos da originalidade dos desenhos, da qualidade dos materiais e do rigor dos métodos de produção, também é verdade que são ditados pelo marketing, respondem a uma estratégia de preços precisa e não são justificáveis apenas em termos de custos de produção.

Penso que, no futuro, a elite mais sensibilizada para estas questões influenciará a visão e, portanto, as escolhas das massas, que evoluirão gradualmente. Pelo menos, é assim que sempre foi. Sou um otimista e para mim é natural pensar que a sociedade está evoluindo e não regredindo. Nesta linha, vejo a crescente tendência para a transparência no mundo da moda, por isso há muitas novas empresas que se situam em algum lugar entre os dois extremos da alta costura e da fast fashion, fazendo produtos lindos, de boa qualidade e a preços justos.

Um desses casos é de uma empresa italiana muito interessante, fundada por Simone Maggi e Riccardo Schiavotto, chamada Lanieri. Mais uma vez é um exemplo de como a tradição e a inovação podem coexistir, sob a bandeira do Made in Italy e do artesanato. O seu projeto nasceu do desejo de responder a uma necessidade masculina: a de poder ter roupas e camisas feitas sob medida, em alfaiataria, de grande qualidade e a preços mais acessíveis do que normalmente acontece com tais produtos. Lanieri combina a excelência da alfaiataria italiana com uma forma de venda multicanal muito inovadora, que lhe permite comprar tanto online como no atelier. É um projeto realmente bom que está tendo grande sucesso em toda a Europa e que em breve será estendido aos Estados Unidos. Isto, mais a sua jovem e motivada equipe, fez com que empresas tradicionais e líderes em tecidos, como a Reda, entre outras, acreditassem e investissem neles. Na primeira vez que você vai ao atelier para tirar suas medidas, um cartão virtual é criado e, a partir daí, você pode encomendar tanto na loja como através do site, personalizando o item desejado em cada detalhe, vendo imediatamente como será o produto acabado, que será então entregue na sua casa ou na loja. São roupas bonitas, eu costumo usar e receber muitos elogios toda vez que as visto. Elas têm preços competitivos apesar da alta qualidade, e permitem que qualquer pessoa, independentemente de onde esteja fisicamente, compre um produto sob medida.

UMA TERRA PROMETIDA, UM MUNDO DIFERENTE

Lanieri é apenas um dos muitos exemplos de como a revolução digital mudou e ainda está mudando o consumo, uma realidade que todos nós experimentamos todos os dias. Uma das características do modelo econômico chamado de economia solidária, que está se difundindo cada vez mais – e em setores cada vez mais amplos e diversificados – mudou o foco da venda de um produto para a oferta de um serviço (do ponto de vista daqueles que o disponibilizam) e da posse de um item próprio para o uso de um bem comum (para aqueles que o usam). É uma mudança que está revolucionando os nossos estilos de vida e introduzindo novos estilos, favorecendo a economia, a socialização e, em alguns casos, a preservação do meio ambiente.

Estou pensando, por exemplo, em um método de compartilhamento de carros como o Car2go, que mudou completamente o conceito de mobilidade, mais ainda do que outros serviços, como o oferecido pela Uber, que também foi revolucionário em muitos aspectos devido ao seu tamanho. Na Itália, as opções UberBlack, UberLux e UberVan estão atualmente ativas, que permitem o aluguel, através do aplicativo, de um sedan ou de uma van com motorista profissional, enquanto em muitos outros países do mundo o UberX também está ativo, onde você pode receber caronas de indivíduos. Pode-se dizer, portanto, que a Uber "simplesmente" colocou os clientes em contato com os motoristas e que, em países onde o UberX é ativo, regulamentou e facilitou um costume tão antigo quanto o próprio carro, o de oferecer e pedir caronas... Tornando a vida daqueles que têm que se deslocar pela cidade e que não têm carro, ou mesmo carteira de motorista, muito mais fácil, permitindo que os indivíduos ganhem algum dinheiro (onde é legalizado) e os motoristas profissionais preencham o tempo ocioso que tradicionalmente ocorrem entre um cliente e outro.

A Car2go introduziu um novo elemento no setor dos transportes, porque tornou obsoleta a ideia de que é necessário possuir um meio de transporte para se deslocar – utilizando o aplicativo você pode encontrar no mapa da cidade o carro disponível que está mais próximo, e o período de aluguel começa quando se entra no carro e termina quando se chega ao destino. O fato de ser um conceito inovador e sensacional é demonstrado pela onda de startups oferecendo um serviço similar ou paralelo de compartilhamento de carros, como o DriveNow ou Enjoy, mas também pelo fato de que muitas empresas, começando com a mesma ideia, estão tentando melhorá-la.

Este é o caso da Fair, que por enquanto só existe nos Estados Unidos, onde está tendo grande sucesso. Você paga uma assinatura mensal para ter sempre um carro disponível, pode encerrá-la a qualquer momento e, se você quiser um equipamento melhor ou um carro mais potente, pode atualizar o perfil através do aplicativo. O serviço encarrega-se de recolher o carro que você já não quer e possivelmente substituí-lo por outro... E tudo isto a custos muito mais baixos do que os normalmente enfrentados pelo proprietário de um carro ou por aqueles que decidem alugar um carro por um curto período. A Fair funciona um pouco como a Netflix, cujos custos de assinatura variam dependendo do número de dispositivos que você deseja usar. Neste caso o número varia de acordo com o tipo de carro que você quer e com a capacidade de fazer upgrade e downgrade de acordo com as suas necessidades.

Tudo isso não poderia ter acontecido sem a experiência da Car2go, que não só criou uma maneira melhor de se locomover, mas deu a todos a chance de ser o dono do transporte, sem a necessidade de possuir o carro. Isso significou digitalizar a propriedade do carro, ou melhor, torná-la realmente inútil, e assim iniciar uma mudança radical de paradigma na economia, pois tornou o acesso a um serviço mais importante do que a propriedade de um objeto.

Estou convencido de que chegaremos a um ponto em que os fabricantes só venderão carros a estas empresas e não mais a pessoas. Obviamente, isso não significa que ninguém mais será dono de carros, porque sempre haverá entusiastas e colecionadores. E na verdade imagino que as pessoas tenderão a ter carros antigos, que são mais bonitos esteticamente e mais divertidos para os entusiastas, pois não são tão perfeitos do ponto de vista técnico como os novos (e eu serei um deles!).

Esta abordagem inovadora, que é apenas uma das muitas manifestações da economia solidária, estende-se continuamente mesmo a outros bens que não os automóveis. Por exemplo, já existem aqueles que oferecem – a uma clientela maioritariamente feminina – o aluguel de vestuário e acessórios particularmente caros por um tempo limitado. Um exemplo disso é a empresa estadunidense Rent the Runway, que oferece várias fórmulas de assinatura e está desfrutando de enorme sucesso. Por exemplo, com uma assinatura mensal de 89 dólares americanos, você pode escolher quatro itens que estão disponíveis por trinta dias. Depois de escolher a peça de vestuário na internet, você a encomenda e ela é entregue em sua casa recém-saída da lavanderia. Os itens encomendados são utilizados e, uma vez decorrido o período de aluguel, são devolvidos sem custos adicionais. Para além da conveniência, é uma forma de convidar os consumidores a comportarem-se de forma mais responsável, limitando o número de peças de vestuário que são compradas e acabariam por definhar no armário após apenas algumas utilizações.

Um serviço similar teve início há alguns anos na Itália, com a criação da Front Row Tribe, que foi lançada por Olimpia Pitacco e Gabriela Pacini e oferece a possibilidade de alugar roupas elegantes e de grife através de um site (embora haja também uma loja em Milão), com serviços de entrega, lavanderia e, se necessário, alfaiataria. O aluguel dura quatro dias e é perfeito para aqueles que têm que ir a um evento importante e precisam da roupa certa. Até alguns anos atrás, teria parecido impensável, talvez até indecoroso, fazer tal coisa! Em vez disso, agora que a cultura do consumidor nos habituou a comprar o que precisamos para apenas uma ocasião especial e nunca mais o usar, faz cada vez mais sentido gastar dinheiro no aluguel de um lindo vestido de alta costura, em vez de gastar a mesma quantia na compra de um vestido menos bonito, menos bem cuidado e menos original, talvez de uma rede de baixo custo.

No campo da roupa masculina a abordagem é diferente: o homem pode comprar uma bela roupa bem feita e até investir mais alguns euros porque a usará em muitas ocasiões. Para as mulheres, por outro lado, as roupas são muitas vezes uma questão de símbolos de status. Elas estão habituadas a surpreender numa ocasião especial e é tudo. Portanto, não há necessidade de os possuir! Mais uma vez, tal conceito não se aplica às colecionadoras, mas isso é um nicho; estou convencido de que para o mercado de massas o paradigma cultural está mudando, e como.

E o fato de o mundo estar mudando graças às novas tecnologias não é percebido apenas à luz das mudanças do mercado, porque as novas tecnologias têm aplicações infinitas, mesmo no setor das redes sociais. Quando estou em Nova York, às vezes uso um aplicativo muito legal chamado DEED, cujo slogan é "Faça algo bom hoje" e cujo propósito é tornar o voluntariado fácil, divertido e social. Ele permite ao utilizador conhecer as atividades que decorrem num determinado lugar e num determinado momento, para que possa participar ajudando alguém. As atividades vão desde tirar os cães de um canil até distribuir refeições aos desabrigados; aqueles que querem, podem ajudar.

SUBIR AO PÚLPITO

Entrar no mercado de trabalho num momento de transformação tão profunda permitiu-me criar alguns negócios de sucesso. Eu acredito que aqueles que se encontram vivendo em períodos de revolução têm uma vantagem sobre aqueles que trabalham em um contexto estático, porque estes são os momentos em que você pode realmente inovar e fazer algo grandioso. O fato de algumas das atividades em que tenho estado envolvido ao longo dos anos terem corrido tão bem é obviamente uma grande satisfação, mas eu não seria um empresário, e certamente não um empresário em série, se alguma vez pensasse que tivesse chegado ao fim, tivesse acabado. Minha esperança é que na minha vida eu continue perseguindo projetos bons e interessantes que sempre me ensinem algo novo.

Normalmente quando alguém diz: "Eu consegui", ele para de entregar resultados, então espero de todo o meu coração que para mim esse dia nunca chegue. Se você fizer as coisas apenas com um objetivo econômico em mente, este impulso secará muito rapidamente. Como eu disse, não se deve fazer negócios para ficar rico, mas por paixão. Os termos da pergunta devem ser invertidos: só se você tiver paixão, uma visão, um sonho, você encontrará a energia para perseguir algo até provavelmente transformá-lo em uma história de sucesso, que também irá gerar lucros. Quando a abordagem é ao contrário, as coisas são muito menos simples, porque a certa altura, na décima noite consecutiva passada trabalhando, talvez editando fotos para um blog como no meu caso, sem ver nem um centavo – porque é normal que nessa fase o dinheiro ainda não tenha começado a chegar – o cansaço e o desânimo entrem na briga e talvez você passe a pensar em começar o próximo projeto.

É claro que há alguns pequenos e grandes momentos de exaltação ao longo do caminho, isso porque o setor em que trabalhei majoritariamente nestes anos, o da moda, me permitiu viajar muito, viver fora das experiências normais, tocar a poeira das estrelas com as minhas próprias mãos, o que, vamos admitir, torna a vida um pouco mais agradável. Por exemplo, lembro-me de quando a minha supervisora de tese, Emanuela Prandelli, ligou para gritar comigo porque eu não tinha ido até ela para rever os dados, e eu lhe respondi: "Professora, Dior mandou uma limusine para me buscar, como eu poderia dizer não? Estarei aí na próxima semana!"

Mas aqueles momentos nunca foram a essência do que eu estava fazendo, nem a razão pela qual eu estava fazendo isso. Além desses episódios folclóricos e agradáveis, lembro-me sobretudo do trabalho árduo desse período.

E é por isso que a maior satisfação que tive até agora foi o convite recebido em 2014 pelos professores do MBA (Master in Business Administration) da Harvard Business School, que decidiram apresentar o estudo de caso do The Blonde Salad aos seus alunos. Através de uma série de entrevistas telefônicas, uma reunião em Londres e muitas trocas de e-mails, colaboramos na redação da apresentação, retraçando nossa história com os professores de Harvard. Depois eles apresentaram o caso aos seus alunos que, divididos em grupos, trabalharam nele, imaginando diferentes desenvolvimentos possíveis para o nosso negócio. Na época, na verdade, o blog de moda onde tudo começou já tinha evoluído para uma revista de estilo de vida e tínhamos lançado a nossa coleção de sapatos e acessórios. A tarefa dos alunos, como é geralmente o caso numa escola de negócios, era apresentar ideias sobre como o nosso negócio poderia crescer ainda mais. Em fevereiro de 2015, o estudo de caso foi finalmente apresentado na sala de conferências.

Eu estava muito animado naquele dia: menos de quatro anos após a apresentação da minha monografia, a empresa que eu tinha ajudado a fundar tinha se tornado tema de estudo numa das universidades mais prestigiadas do mundo. Um caso de estudo de Harvard, como os que eu tinha estudado em Bocconi.

Quando chegamos à Cambridge, Massachusetts, fomos saudados por um vento muito forte e gelado, estava amargamente frio e devia fazer uns quinze graus abaixo de zero, que é a norma de lá no inverno. Para ajudar a nos instalar, os alunos nos levaram para um tour pelo campus e foi muito divertido. No dia seguinte conhecemos os professores que tinham escolhido o nosso caso e almoçamos com eles. Mas eu estava muito tenso e não comi quase nada. O nervosismo derreteu quando entramos na sala de conferências, onde os alunos, que eram nossos pares, nos receberam. Após a apresentação dos vários projetos houve um debate, particularmente estimulante, e Chiara e eu demos um feedback sobre os vários projetos. Em particular, um dos grupos tinha imaginado o lançamento do comércio eletrônico, que era o que também estávamos trabalhando durante esse período. Assim, continuamos a trabalhar com esse grupo, que no final escolheu o caso The Blonde Salad como tema do seu projeto de tese final.

Em fevereiro de 2017 fomos convidados a voltar à universidade.

Obviamente, a emoção sempre foi grande, mas não comparável àquela da primeira vez, porque desta vez eu estava muito mais relaxado.

Eu mesmo subi ao púlpito para contar aos alunos o que tinha acontecido com o The Blonde Salad nesse meio tempo e quais eram as nossas estratégias de crescimento futuro. Lidei com questões que eram delicadas e mais ligadas à teoria do marketing, como o uso das mídias sociais e as estratégias destinadas a despersonalizar o negócio.

O interessante foi que, nessa ocasião, tivemos a oportunidade de partilhar uma observação – no mais prestigioso dos contextos e ao mais alto nível para aqueles que lidam com estas questões – sobre um ponto crítico que no início da nossa aventura juntos nunca poderíamos sequer ter imaginado. E foi o fato de termos tido pontos de vista diferentes sobre o desenvolvimento futuro do nosso projeto (que Chiara, por razões óbvias, sempre viu em termos muito pessoais, enquanto eu teria preferido consolidar ainda mais o nosso papel no mundo da moda), que nos levou alguns meses mais tarde a interromper a nossa colaboração.

Saber que a escola de negócios mais importante do mundo propôs a minha empresa aos seus alunos como matéria de estudo, porque representa um modelo inovador que gerou uma grande mudança no setor da moda e da comunicação, é uma honra imensa. Mas, a meu ver, os grandes sucessos dão origem a uma grande responsabilidade. Se eu consegui alcançar tal resultado, tenho que trabalhar duro para seguir em frente e fazer ainda melhor. É por isso que para mim isso não foi um ponto de chegada, mas um ponto de partida.

PIERRE-YVES WECXSTEEN Diretor geral, Chanel European Fashion

Quando se trata da imagem de marca, as duas palavras mais importantes são: nenhuma concessão! Você pode brincar com a identidade da marca, mas o desafio mais importante continua sendo saber avaliar essa fina camada além da qual você perde a sua alma.

CONCLUSÃO

DE ZERO AO INFINITO

COMO COMEÇAR DO ZERO DEPOIS DE UM SUCESSO OU FRACASSO?

Nos últimos tempos, a geração de empreendedores para toda a vida chegou ao fim. É inevitável que você esteja pronto, com o tempo, para empreender mais de um projeto e ter a lucidez necessária para temperar a paixão para criá-los, sem se apegar demais a uma única perspectiva. Isto é verdade para todos: quer a sua experiência empresarial tenha falhado ou tenha sido coroada com o sucesso, a certa altura é provável que tenha de se afastar dela e ter a frieza de entender que é melhor fechá-la ou, por outro lado, que o negócio tem que sair da fase de startup para crescer.

Percebo que o estado psicológico daqueles que, por várias razões, decidem afastar-se do seu projeto de sucesso para empreender outro é muito diferente do de alguém que teve de encerrar o seu projeto porque este falhou. Com este último, o golpe pode ser muito difícil: é complicado livrar-se da culpa, frustração ou crença de que você fez algo errado, mesmo que nem sempre seja assim, pois as razões pelas quais um negócio dá errado podem ser inúmeras.

Por outro lado, é inegável que em cada projeto existe um certo nível de incerteza, porque o acaso existe e pode ter um papel tanto positivo como negativo... E, enquanto no primeiro caso a sorte pode ajudar, embora geralmente não mude o resultado das coisas, no segundo caso o azar pode realmente miná-lo. Você pode fazer tudo certo e falhar de qualquer maneira por causa da má sorte. Eu não acho que o contrário seja verdade, que você pode ter a sorte de fazer tudo errado e ainda ser bem-sucedido. A sorte pode dar-lhe um empurrão, mas se as coisas não correrem bem porque você não sabe como progredir, então elas simplesmente não vão evoluir. A influência do fator chance pode ser reduzida pelo controle de todas as outras variáveis, algo geralmente adquirido através da experiência, pois você se torna melhor em entender as necessidades do mercado, antecipar mudanças, gerenciar pessoal, administrar tudo relacionado à eficácia e ao tempo de um determinado negócio e, especialmente, aprender com seus erros.

Em qualquer caso, é inevitável que aqueles que investiram todo o seu tempo e energia num projeto e são forçados a fechá-lo, sofram. Felizmente, eu nunca me encontrei nesta situação, porque as startups que lancei e que deram errado não tinham absorvido cem por cento dos meus recursos, mas eram na verdade projetos paralelos aos principais (e, como expliquei anteriormente, esta foi, pelo menos em parte, a razão pela qual eles falharam).

Pela minha própria experiência, porém, posso dizer que também é doloroso afastar-se de uma empresa que você fundou e que está indo bem, como aconteceu comigo no final de 2017, quando decidi deixar todas as posições operacionais dentro da TBS Crew e me manter apenas no papel de conselheiro. A certeza de que eu e a minha parceira não compartilhávamos mais a mesma visão para nossa empresa facilitou minha decisão: em vez de deixar o que eu tinha construído em um impasse, preferi dar um passo atrás. Porque nada é mais prejudicial a uma empresa do que a estagnação: uma empresa é um sistema vivo que pode mudar e até errar, tropeçar e ressuscitar, mas certamente não pode ficar parado.

Esta convicção não me impediu de sentir uma certa melancolia, como acontece sempre que uma fase da vida chega ao fim, especialmente quando ela foi abarrotada de aventuras, rica em satisfação, cheia de compromissos bem como cheia de muitos sacrifícios. É um sentimento muito humano, mas acho que quando você se encontra em situações como essa, é importante não cair na armadilha de pensar que estava destinado a fazer apenas isso e nada mais. Este é um discurso que se aplica não só a mim, mas também a todos os outros, e não é relevante apenas para o local de trabalho. Quando algo acaba, não é o fim de tudo; não era a única oportunidade na vida, era apenas uma entre muitas. Aqueles que têm a paixão e o desejo podem sempre recomeçar, escrevendo um novo capítulo em sua história e moldando a realidade ao seu redor. E, se é verdade que um projeto de trabalho, para quem o concebeu e construiu, é um pouco como ter um filho, então devemos lembrar que nada nos impede de ter mais de um filho no espaço de uma vida!

A paixão é a alavanca que eleva o mundo. E provavelmente, se você está fazendo aquilo pelo qual é apaixonado, você não precisa nem mesmo ler este livro. Porque você já saberá como colocar sua visão em prática, suportar os sacrifícios inevitáveis, motivar sua equipe e tomar as decisões certas para seu negócio. Tenho a certeza que nenhum ganho ou segurança é tão importante como estar feliz com o que se está fazendo. Então, se há algo que você ama, se sabe que há um projeto que pode te fazer levantar de manhã com uma energia que você nem sabia que tinha, corra atrás dele com toda a sua força e determinação.